MANUAL DEL
SUEÑO
AMERICANO

MANUAL DEL
SUEÑO
AMERICANO

LA GUÍA DEFINITIVA PARA
INVERTIR Y MIGRAR
A ESTADOS UNIDOS

ESTEBAN MORANO

Planeta

©2024, Esteban Gabriel Morano

Créditos de portada: © 2024, Genoveva Saavedra
Fotografía del autor: © 2023, Enrique Tubio
Ilustraciones de interiores: iStock / erhui1979 y Vivali

Derechos reservados

© 2024, Editorial Planeta Mexicana, S.A. de C.V.
Bajo el sello editorial PLANETA M.R.
Avenida Presidente Masarik núm. 111,
Piso 2, Polanco V Sección, Miguel Hidalgo
C.P. 11560, Ciudad de México
www.planetadelibros.com.mx

Primera edición en esta presentación: junio de 2024
ISBN: 978-607-39-0599-2

Impreso en los talleres de Bertelsmann Printing Group USA
25 Jack Enders Boulevard, Berryville, Virginia 22611, USA.
Impreso en U.S.A - *Printed in U.S.A*

No existe un momento ideal.
Es ideal si es tu momento.

Para todos los soñadores en busca de un futuro mejor.
De todos los que hacemos Thinkinworld.

Índice

Parte IV

OPORTUNIDADES DE INVERSIÓN

Introducción

Junio de 2010 marcó el principio del cambio en mi vida y la de mi familia.

Después de más de 30 años como publicista y casi 50 viviendo en la Argentina, vendí la mayoría accionaria de mi agencia de publicidad, miré a mi esposa y le dije: «Invirtamos lo que resulte de esta venta en el futuro de nuestros hijos. Invirtamos en Estados Unidos», así lo hicimos.

Comenzamos investigando por nuestra cuenta, tal como lo hace la gran mayoría de los latinos que migran, aprendiendo y tomando decisiones. Sin embargo, algo nos faltó: comprender que para lograr el éxito en un país tan grande y culturalmente atomizado es necesario contar con las personas indicadas a nuestro lado para minimizar los riesgos y optimizar nuestras inversiones.

El «*ya aprendí todo lo que necesitaba saber; ya no necesito a nadie más*» es, posiblemente, el más grave error que un inversionista extranjero y aspirante a migrar a los Estados Unidos puede cometer. Algo que, en nuestro caso, descubrimos un poco tarde.

Unos años después, hacia finales de 2014 y con hijos ya adolescentes, nos planteamos un nuevo desafío: *¿Qué tal si nos* *vamos a vivir a Estados Unidos?* Ya teníamos las inversiones realizadas y alguien nos comentó sobre la posibilidad de aplicar a una visa E2, sobre la que nadie nos había comentado hasta ese momento.

Viajamos en familia y después de un recorrido a conciencia que incluyó búsqueda de casas, colegios y zonas posibles para afincarnos, todos estuvimos de acuerdo en dar el gran paso. Dieciocho meses más tarde llegábamos al aeropuerto de Miami con 11 maletas, dejando nuestra historia archivada en cajas de parientes cercanos y amigos de toda la vida, para vivir durante 22 días en un hotel, mientras esperábamos que nos entregaran las llaves de la casa que habíamos rentado. Comenzaba nuestra aventura.

Durante seis hermosos meses vivimos plenamente cada descubrimiento, cada trámite, cada diferencia (mayoritariamente favorable) que encontrábamos entre lo que solíamos hacer, y el potencial de lo que podríamos hacer en este nuevo y gran país. Era como estar en modo vacaciones la mayor parte del tiempo. Todo era felicidad, como en un gran parque de diversiones, de esos que abundan por estas tierras.

Conforme transcurrió el tiempo comenzamos a encontrar diferencias en muchas de las cosas que creíamos haber aprendido; a darnos cuenta de que mucho de lo que habíamos hecho podría haber sido significativamente mejor. Y caímos en la cuenta: en vez de caminar solos, minimizando muchas de las sugerencias que algunos nos hicieron y no consideramos, sobre todo por desconfianza, deberíamos habernos dejado guiar por profesionales idóneos. Nos hubiera resultado mucho más simple y bastante menos costoso llegar hasta aquí.

Así fue que, como en un juego de cartas, una mañana de marzo de 2017 decidí barajar y dar de nuevo. Todo lo aprendido en mis años de profesión tenía que servirme de base, pero de un modo distinto. Tenía que encontrar el modo de reemplazar el valioso saber global tan apreciado en mi país, como en casi toda América Latina, por el saber específico y profundo de un tema en particular.

Ahí surgió una idea: debía entrelazar mi experiencia como inversionista e inmigrante durante los últimos siete años, con los más de 30 de experiencia en comunicación y publicidad.

Pero ¿cómo? Una idea empezó a formarse en mi cabeza, aunque con la incredulidad de que, en el país del marketing, nadie lo hubiera pensado aún.

Así nació Thinkinworld, el lugar donde todo comienza. Thinkinworld es una plataforma de comunicación en la que los interesados en emprender y desarrollar negocios en los Estados Unidos pueden encontrar toda la información necesaria, además de vincularse directamente con los profesionales y empresarios que pueden guiarlos en sus proyectos, ya sea por la búsqueda de rentabilidad o por la posibilidad de emigrar a Estados Unidos a través de la inversión.

En Thinkinworld se reúnen los mejores especialistas en sus áreas: bienes raíces, logística, franquicias, inversiones innovadoras y desarrollos financieros, sumados a los temas que interesan a quien tiene el sueño de vivir en los Estados Unidos: temas legales, impositivos, de salud, educación, etcétera. Así, entre todos, hemos integrado esta plataforma con una misión común: guiar y asistir a quien desee invertir o emigrar, brindándole la información y las herramientas necesarias para que su proceso sea eficiente, seguro y sin sobresaltos.

Ahora ha llegado el momento de compartir todo lo aprendido durante miles de horas de conferencias, *workshops*, seminarios, convenciones y mesas redondas. Por primera vez hemos volcado toda la experiencia y los conocimientos de los distintos profesionales a nuestra disposición en cada uno de los capítulos de este libro. Espero sinceramente que quienes deseen emprender el camino hacia el sueño americano puedan encontrar en este libro la información necesaria y los aliados ideales que los ayuden a alcanzarlo.

—Esteban Morano, CEO de Thinkinworld

PARTE I

Vivir en Estados Unidos

Capítulo 1

Vivir en Estados Unidos

Facundo Zorio, TaxLeaf Hallandale

Migrar implica cambio, riesgo y adaptabilidad. Todo aquel que esté considerando mudarse a Estados Unidos debe saber que es una entrada a un mundo de oportunidades, pero en donde también tendrá que enfrentar algunas incertidumbres.

Abandonar lo que uno conoce no es sencillo; despedirse del trabajo, de los amigos, de la vida diaria y la zona de confort elimina la base sobre la que se ha construido la identidad de uno mismo. Cada individuo tiene una historia única y el proceso de cambio no siempre será igual, pero sí tendrá un impacto significativo en su vida y en la de su familia.

Estados Unidos es un destino común para ciudadanos de países con economías debilitadas, inestabilidad política, inseguridad individual y jurídica, alta incidencia de desempleo, poca rentabilidad de inversiones y sin garantía de vida digna. El factor económico es una de las principales razones por las que una persona decide emigrar. Con ello espera alcanzar oportunidades económicas que no están disponibles en su país de origen, como empleos mejor remunerados o mayores posibilidades de ascenso profesional.

También es una oportunidad de crecimiento para quienes ya tienen experiencia empresarial en su país de origen, pues allí pueden tener acceso a un mercado laboral más amplio y diverso, ambiente empresarial favorable e infraestructura sólida. De la misma forma, la multiculturalidad de la población estadounidense ofrece oportunidades para que los negocios se conecten con una amplia variedad de clientes y consumidores.

Entre grupos con motivaciones y necesidades diversas, Estados Unidos alberga a millones de migrantes que buscan nuevas posibilidades de desarrollo. Esta especie de promesa incierta es la esperanza de una mejor calidad de vida, pero para alcanzarla, ¿por dónde se empieza?

Renunciar por completo a la vida tal como se le conoce puede minar la estabilidad y el sentido de pertenencia, ya que es una experiencia emocionalmente compleja, y entre otros factores que la complican está la incertidumbre. A menudo no es posible saber qué esperar en el país de destino, y eso puede generar ansiedad e inquietud.

Sin tomar en cuenta las implicaciones económicas, la acción de migrar despierta el miedo a adaptarse a un nuevo entorno. Las diferencias culturales, la barrera del idioma, el cambio de trabajo y la necesidad de encontrar nuevos amigos y conexiones pueden ser abrumadores. En el fondo, quien migra se enfrenta al miedo al fracaso.

Sin embargo, así como existen varios obstáculos, también hay innumerables alicientes, y se pueden tomar diversas medidas para facilitar la transición y conseguir que el proceso de adaptación sea más fácil y menos estresante. Para eso es importante buscar apoyo y mantener una actitud tolerante. Habituarse a un nuevo país puede llevar tiempo, así que es importante ser paciente consigo mismo y no rendirse si las cosas parecen difíciles al principio. Tratar de ser flexible y estar abierto a nuevas experiencias y retos será clave para el éxito en el nuevo país.

Para buscar oportunidades en un nuevo país también hay que resolver lo más básico: ¿dónde vivir?, ¿cómo escoger un buen vecindario? No siempre es sencillo encontrar un espacio agradable, acogedor y a la vez estratégico.

Al migrar, la cotidianidad se modifica radicalmente, los hábitos individuales y familiares se ven alterados y las formas de conectar con la comunidad no siempre están claras. Es necesario pensar cómo esta decisión altera el contexto familiar: ¿a cuántos seres queridos hay que dejar atrás? Si migran juntos, ¿se acostumbrarán? ¿Recibirán de forma positiva la nueva rutina? La migración puede cambiar de manera significativa no solo el entorno físico, sino la dinámica y la estructura de un hogar. Es común que las familias tengan que adquirir nuevos roles y compromisos, cambiar sus conductas y expectativas, asumir nuevas responsabilidades financieras y hallar otras formas de comunicación. La capacidad de adaptación y la resiliencia emocional son clave para superar estas barreras y establecer una nueva vida en el extranjero.

Por otra parte, el factor económico es determinante en el momento de mudarse. Es quizá una de las principales razones por las que un individuo migra a Estados Unidos, y sin duda una de las preocupaciones más grandes para la mayoría de las personas que escogen este camino. No solo porque migrar representa financiar el traslado y los costos de viaje, documentación y alojamiento, sino también porque es un desafío a futuro. La planificación financiera es crucial porque se necesita tener una idea clara de las opciones de empleo, las condiciones económicas y los recursos necesarios para establecerse y mantenerse en el país. Hay que evaluar las oportunidades laborales, identificar los costos de vida, hacer una planificación financiera y definir cómo se obtendrán los recursos y servicios disponibles en el país.

Encontrar empleo o iniciar un negocio significa enfrentar toda clase de dificultades en el mercado laboral, pero aun así es alcanzable si se cuenta con el asesoramiento y los estímulos adecuados.

OBSTÁCULOS, BÚSQUEDA Y PERSISTENCIA

Además de pensar en las oportunidades de comercio a las que se puede acceder, hay que preguntarse si se es apto para desarrollar un negocio o inversión en un nuevo país y qué tipo de negocios se pueden establecer. La decisión de migrar trae consigo un gran proceso de reflexión y análisis. Una de las principales preocupaciones es qué pasará si hay un fracaso: ¿cuál es el plan b? También hay que plantear qué hacer si los resultados son exitosos: ¿qué vendrá después? Frecuentemente estas preocupaciones comunes paralizan a las personas y les impiden empezar en un nuevo lugar. Temerosas al cambio, ejecutan las mismas acciones, con el efecto de que los resultados son siempre los mismos. Optar por una alternativa segura no es un aspecto negativo por sí mismo; sin embargo, si la motivación es alcanzar un mejor nivel de vida y ampliar la visión de mercado hay que estar dispuesto a renunciar a ciertas prácticas habituales y estar abiertos al aprendizaje.

Otro de los miedos habituales es la falta de experiencia empresarial, lo que puede traducirse en inseguridad acerca de las habilidades y temor a carecer de lo necesario para hacer funcionar un negocio. También está presente la incertidumbre en el mercado, es decir, no tener certeza de qué tan viable es una idea de negocio.

A finales de 2020 decidí emigrar a Estados Unidos junto con mi esposa y mis dos hijos. En ese momento no tenía amigos ni familia en el país de destino. Salí de Argentina en búsqueda de mejores oportunidades económicas, seguridad y mejor calidad de vida. Soy abogado, y en mi país natal manejaba mis propias empresas. Pienso que es clave buscar asesoramiento y apoyo de expertos locales para obtener capacitación y empezar a crear asociaciones acertadas. La capacidad de elegir adecuadamente a los aliados y profesionales puede repercutir de forma positiva en este camino.

Fue así como, motivado por construir un futuro sólido para mí y los míos, y después de considerar varias opciones, tomé la decisión. Estados Unidos es un país próspero, con una economía robusta y estabilidad política. También es un territorio que ofrece seguridad para vivir, diversas fuentes de empleo, buen nivel de educación y varias libertades civiles.

En primer lugar busqué asesoría profesional para regularizar mi situación migratoria. Me entrevisté con varios abogados con los que no me sentí cómodo o cuya forma de trabajo no era afín a mis principios. A la par tuve consultas con contadores, asesores de inversiones, vendedores de franquicias, *moving planners*, empresarios, etc., de quienes obtuve información sobre planificación financiera, gestión de inversiones, evaluación de riesgos y otros temas. Mi interés se centraba en entender el funcionamiento de una empresa en este país, es decir, indagué en las estructuras empresariales más comunes, regulaciones fiscales, sistema contable, seguros y leyes laborales. Tomarse el tiempo para investigar y elegir cuidadosamente en qué invertir el dinero puede marcar la diferencia entre una inversión exitosa y una experiencia desfavorable.

En esta búsqueda me di cuenta de que si muchos negocios no funcionan no es solo por falta de demanda, sino porque se toman decisiones financieras, operativas o estratégicas equivocadas. No se trata únicamente del dinero invertido, sino de en qué se invierte y cómo se administra. Cuando no existe una selección de inversión estratégica la seguridad financiera y el bienestar a largo plazo pueden verse afectados seriamente. Si no existe un objetivo claro ni un estudio de los productos e instrumentos de inversión, lo más probable es que haya pérdida de capital. Además, el mercado de inversiones en Estados Unidos es muy amplio y variado, por lo que resulta imprescindible realizar una investigación exhaustiva y obtener asesoramiento profesional antes de comenzar una iniciativa financiera.

No existe una fórmula única para el éxito en una inversión. Por el contrario, la elección adecuada dependerá de los objetivos financieros y el perfil de riesgo de cada individuo. Una inversión que pueda ser conveniente para una persona puede no serlo para otra. Antes de tomar una decisión es importante hacer una evaluación cuidadosa de los objetivos, necesidades y tolerancia al riesgo; de esa manera se pueden esperar rendimientos valiosos y una base financiera sólida para el futuro.

En el amplio panorama de inversión existente me asesoré sobre desarrollo inmobiliario, por ser una forma popular de inversión en Estados Unidos, que, aunque conlleva riesgos, representa una posibilidad factible, por la demanda de viviendas y rentabilidad del alquiler. También obtuve asesoramiento acerca de inversión en franquicias, cuyo sistema de negocio llama la atención por ser un modelo probado, es decir, que el franquiciador ha desarrollado un modelo productivo que se puede replicar. Con ello se espera reducir el riesgo y aumentar las posibilidades de crecimiento. También conseguí información sobre otras alternativas de negocio, como inversiones en el sector gastronómico, lavado de autos, lavandería, camiones y fondos de comercio de distintos rubros.

Mientras me formaba en temas financieros me ocupé de buscar un lugar para establecerme con mi familia. Decidí empezar en Aventura, Florida, una ciudad que me resultó atractiva para vivir y consolidar negocios, debido a su excelente ubicación y próspera economía empresarial, además de poseer una amplia vida cultural. Aventura cuenta con una excelente red de escuelas públicas, por lo que no hubo dificultades para inscribir a mis hijos en escuelas de la zona.

También hay que pensar en el manejo del idioma inglés. Yo he estudiado inglés desde pequeño, de modo que al llegar pude comunicarme con fluidez. Esto es importantísimo, pues dominar el idioma ayuda a integrarse más fácilmente en la sociedad y a mejorar las oportunidades disponibles. En cuanto a mis hijos, aprendieron con la ayuda de tutoras y por la práctica cotidiana en el colegio, y en seis meses alcanzaron un nivel excelente. Se sabe que los niños tienen una mayor capacidad para aprender idiomas que un adulto, debido a que su cerebro está en pleno desarrollo. Aun así, es necesario brindarles apoyo y motivación en el proceso de aprendizaje. Si un niño se siente forzado a aprender el idioma rápidamente, o si recibe críticas de otros, puede aumentar su frustración. Siempre cuidé la parte emocional de mis niños para que lograran adaptarse de una forma adecuada y sin sufrir el estrés y la ansiedad relacionados con el cambio de país.

INVERSIÓN. LA PERTINENCIA DE ESCALAR

Cuando hube definido la idea de negocio que deseaba desarrollar, conseguí ayuda profesional para tramitar mi visa de inversionista y empecé mi recorrido. Teniendo las expectativas empresariales claras, opté por afiliarme como franquiciado de TaxLeaf, una industria contable y de impuestos que opera de forma exitosa desde hace casi 50 años. En el proceso conocí a otros franquiciados, a los responsables de la empresa y a su personal. Analizamos el crecimiento de la industria en los Estados Unidos, el desenvolvimiento de otros franquiciados en los últimos tiempos, la reputación de la marca TaxLeaf, el sistema operativo desarrollado, la inversión y desarrollo de la marca en software de última generación para la automatización de procesos y la excelente experiencia que podemos brindarle al usuario a través de las herramientas que se encuentran a disposición. Una experiencia muy valiosa para mí fue encontrarme con otros franquiciados, que me contaron su experiencia y lo afortunados que se sintieron por haber encontrado esta posibilidad de inversión. Todo eso me convenció de que se trataba de un modelo de negocio adecuado para mí.

Después de conocer su sistema de administración, equipo contable y de marketing, entendí el fundamento de su buena reputación en el estado de Florida. Además, se trataba de una actividad afín a mí, pues toda mi vida laboral he acompañado a otras empresas en su desarrollo y cumplimiento de obligaciones. Haber ejercido en esta área y tener mis propias empresas me permite conocer y entender las problemáticas comunes de un empresario.

Algo fundamental es que este rubro no tiene fronteras: puedo tener clientes y asistir a empresarios desde cualquier lugar del mundo, tanto a los que únicamente buscan invertir en Estados Unidos como a los que desean migrar e iniciar una nueva vida en este país. Sé que los objetivos de los clientes están motivados por distintos factores, por eso brindo asistencia personalizada al orientar y apoyar sus operaciones comerciales. También sé lo frustrante que puede ser no encontrar un profesional que comprenda las necesidades del cliente. Por eso me interesa brindar una asesoría completa y trabajo para dar un servicio que transmita seguridad y con el que el cliente se sienta cómodo.

Con TaxLeaf encontré una empresa alineada a mis intereses, que me brinda una familia profesional y la oportunidad de ampliar mis conocimientos acerca del manejo de negocios en este país. También es un espacio idóneo para agregar todo mi conocimiento y experiencia adquirida en mi vida profesional, y seguir creciendo en este campo.

En este modelo de inversión hallé una alta tasa de éxito, menor tiempo de investigación y desarrollo, alto potencial y bajos costos iniciales. No obstante, antes de tomar una decisión sobre cualquier negocio a emprender hay que:

- Consultar con asesores financieros y abogados.
- Estudiar a profundidad las opciones de inversión.
- Establecer objetivos de acuerdo con las necesidades individuales.
- Nutrirse de la experiencia de quienes ya lo lograron.
- Entender las ventajas y riesgos a los que se estará expuesto.
- Mantener expectativas realistas sobre el rendimiento que se puede obtener.

Aunque realizar una inversión en Estados Unidos tiene varias ventajas, el éxito solo se alcanza si se trabaja día a día para conseguirlo. No solo es una meta: también un proceso arduo. En el ámbito empresarial no existe una apuesta segura y no todos logran sus objetivos. Para evitar fracasar se debe tener una visión clara de lo que se espera conseguir. El mundo actual le exige a todo empresario enfoque, visión y adaptación al cambio.

Más allá de una oportunidad empresarial rentable yo escogí un modelo de negocio que se adapta a mi estilo de vida, por lo que siempre recomiendo lo mismo. No hay que pensar solo en el dinero; también en el estilo de vida que se desea, en prioridades, gustos y habilidades. Optar por un negocio resistente a la crisis es una opción inteligente: aquello que se seguirá consumiendo incluso en tiempos económicos difíciles, considerando servicios con demanda constante que suelen estar menos expuestos a los altibajos del mercado y a los cambios en el comportamiento del consumidor. Si se escoge sabiamente se trabajará con ganas, y eso llevará a obtener buenos resultados.

RECOMENDACIONES PARA NUEVOS INMIGRANTES
EN ESTADOS UNIDOS

Si se ha tomado la decisión de empezar una nueva vida en Estados Unidos y se quiere tener un proceso adecuado de adaptación hay que considerar varios aspectos. Seguramente la experiencia y el aprendizaje se enriquecerán sobre la marcha, pero es provechoso tener un punto de partida.

- *Finanzas claras.* Es uno de los cambios más considerables que experimentan los migrantes, ya que las obligaciones y sistemas financieros son distintos en cada país. Es importante conocer el sistema financiero de Estados Unidos para poder administrar el dinero de manera segura y eficiente, establecer créditos, acceder a servicios financieros y cumplir con tus obligaciones fiscales.

- *Pago de impuestos.* Declarar impuestos permite mantener un registro de ingresos y gastos, además de evitar problemas legales. Hay que considerar la presentación y pago de impuestos a tiempo, a nivel federal, estatal y local. Cumplir con las leyes fiscales es un requisito legal para todos los ciudadanos y residentes en Estados Unidos.

- *Puntaje crediticio.* Esta valoración se utiliza en Estados Unidos para determinar la elegibilidad para obtener crédito, préstamos, tarjetas de crédito, acceder a mejores tasas de interés, etc. Es de particular interés para los inmigrantes, ya que tener una buena evaluación puede ser determinante para establecerse y prosperar en el país.

- *Manejo de dinero.* Frente a la cultura del consumo imperante en Estados Unidos es necesario aprender a ser responsables con las finanzas, entender el valor del trabajo y, sobre todo, conocer las recompensas de ahorrar, invertir y tomar mejores decisiones.

- *Relación con el dinero.* Cuando se tiene una visión positiva en torno al dinero se puede atraer más abundancia financiera. Esto se debe a que la mentalidad positiva y la buena actitud hacia el dinero pueden propiciar decisiones más acertadas e impulsar a la gente a tomar medidas para mejorar sus finanzas personales.

- *Un paso adelante.* Antes de emprender el viaje hay que adelantar en todo lo posible el proyecto en Estados Unidos. La planificación permite conocer los requisitos y procesos necesarios para establecerse con éxito. Se puede buscar consultoría sobre inversiones, asesoría migratoria, domicilio, escuelas, etc. Explorar las diferentes áreas, indagar en las opciones disponibles y encontrar una que se ajuste a las necesidades y a las de la familia es la mejor opción, así como investigar los costos de vivienda y determinar la mejor ubicación para un trabajo. Planificar permitirá recopilar toda la documentación necesaria y cumplir plenamente con los requisitos, evitando así retrasos o problemas en el proceso. Además, contar con información básica ayudará a reducir el desconcierto al llegar al nuevo país.

- *Plan de vida.* Visualizar el futuro. Armar un plan proyectado a cinco o 10 años con lo que se quiere para la vida y las metas que se desean cumplir será de mucha ayuda. Establecer objetivos claros y concretos a largo plazo ayudará a dirigir esfuerzos y recursos para lograr lo que realmente se quiere, y evitará que se tomen decisiones impulsivas. Fijar metas sirve para tomar decisiones más informadas y prepararse para el futuro, además de mantenerse motivado. Puede ser que no se logre todo lo establecido, pero definitivamente un plan de vida ayudará a definir tus prioridades.

- *Derechos.* Como inmigrante es fundamental conocer tus derechos y responsabilidades. Investigar sobre las leyes de inmigración y las políticas en el estado en donde se reside, y mantenerse informado sobre los cambios que puedan ocurrir es de suma importancia. Mantener en orden el registro de actividades, conservar archivos fijos y organizados (documentos, informes, contratos, etc.), porque más adelante se podrían necesitar, también es necesario. Es importantísimo saber lo que se permite o no en el país, ya que, al venir de una cultura diferente, la mentalidad y el estilo de vida pueden llevar a cometer acciones que no están permitidas.

- *La comunidad.* Buscar grupos comunitarios y organizaciones con los que relacionarse en un área puede proporcionar recursos e intercambios valiosos que facilitarán la transición y harán que la experiencia sea más enriquecedora. También pueden ayudar al migrante a conectar con otros y construir un sentido de comunidad. Aprender sobre la cultura, la historia y las tradiciones del país y tratar de conectar con personas de diferentes orígenes será beneficioso. Aunque se entablen relaciones con miembros de la propia cultura, integrarse por completo en la vida estadounidense asegurará el éxito. Para esto es vital aprender el idioma. No hay que tener miedo de adentrarse en el sistema.

- *Mente abierta.* Empezar desde cero en un nuevo país puede ser una experiencia emocionante y temible al mismo tiempo. Para calmar la tensión relacionada con el cambio hay que mantener la mente abierta y ser paciente mientras se adapta a una nueva vida. No hay que dejar que los límites interiores impidan relacionarse y socializar con gente de diferentes perfiles. Estar abierto a nuevas formas de trabajar, vender, comerciar, etc., llevará a nuevas y mejores oportunidades. Ser flexible ayudará a adaptarse y a alcanzar el éxito en este nuevo mercado.

- *Mentalidad positiva.* Los pensamientos pueden brindar un futuro excelente y contribuir a hacer realidad los sueños. Una mentalidad positiva es un ingrediente esencial para crear un entorno de trabajo productivo, ya que mantendrá al individuo enfocado en sus objetivos y le ayudará a superar obstáculos en lugar de dejarse vencer por ellos. Además, esa actitud se verá reflejada en el trato con clientes y proveedores, lo que podría mejorar las relaciones comerciales.

- *Cuidar el entorno.* Rodearse de personas personas positivas y comprometidas, que contribuyan al crecimiento y compartan sus valores y objetivos deberá ser una prioridad. La energía y la motivación de los demás pueden contagiarse y repercutir en la productividad. Por el contrario, estar rodeado de personas negativas y pesimistas puede afectar el ambiente personal y empresarial, lo que puede reducir la motivación y el rendimiento.

- *Conexión con las raíces.* A menudo la migración puede hacer que uno se desconecte de la comunidad de origen, y por ende afectar la identidad y el sentido de pertenencia. Conectar con las raíces ayudará a mantener un lazo emocional con la cultura y la comunidad, lo que representa una perspectiva valiosa y enriquecedora. Es probable que la experiencia sea un potenciador para tener un distintivo y resaltar en Estados Unidos.

Migrar a Estados Unidos mediante una inversión puede ser una oportunidad atractiva para quienes desean establecer un nuevo negocio y una nueva vida. También puede ser un proceso arduo, prolongado y laborioso, pero es muy probable que el resultado sea un triunfo. Aunque puede requerir una inversión significativa, mucho estudio y trabajo, este camino tiene múltiples ventajas, que superan todas las posibles limitaciones. Es indispensable trabajar con profesionales especializados y realizar una investigación exhaustiva antes de tomar cualquier decisión de invertir. Elegir los asociados correctos, contar con la capacidad de tomar decisiones y asumir la responsabilidad, tener un plan estratégico y, sobre todo, mucha energía e ingenio son clave para asegurar el éxito en este país. En general, la migración respaldada por la inversión puede ser una excelente vía si se está en busca de un futuro exitoso. Si tantas personas ya lo han logrado, tú también lo puedes hacer.

Capítulo 2

El proceso de relocalización

Paola J. Peccoud, InBuilders USA

EMIGRAR: UNA DECISIÓN PLANIFICADA

Emigrar es cambiar. Pero no solo es cambiar de lugar. Es una transformación importante, un acontecimiento trascendente en la vida de una persona y de quienes la acompañan en ese proceso. No se debe minimizar ningún aspecto de una migración.

Yo tomé la decisión de migrar junto con mi familia en un momento de mi vida y pasé por las etapas difíciles de la migración. Comencé como la mayoría: conociendo Estados Unidos como turista. Años más tarde decidí invertir y posteriormente migrar en familia, y a base de errores y aciertos en mi propio proceso encontré el ámbito ideal para desarrollarme y ayudar a familias y empresarios que quieren establecerse aquí.

Así nació InBuilders, partiendo de la premisa de que los bienes raíces —la profesión con la que comencé mi desarrollo laboral en Estados Unidos—, aun siendo algo muy importante en el proceso, no abarcaba todas las necesidades de alguien que migra.

Me establecí en el sur de Florida, inicialmente en el condado de Broward, donde inicié mi formación como agente de reubicación motivada por las constantes solicitudes de mis clientes, que iban más allá de la búsqueda de propiedades. Gracias a un contacto inicial con una empresa de reubicación o *relocation* clásica (centrada específicamente en ejecutivos transferidos por sus empresas a un nuevo destino), pude formarme en el tema y llegué a ser representante de dicha firma para el condado de Broward.

Para clarificar el concepto, una empresa de reubicación clásica brinda sus servicios a compañías, por lo general multinacionales, que necesitan trasladar a un directivo. En tan solo un par de meses el ejecutivo y su grupo familiar tienen que estar ubicados, con todas sus necesidades cubiertas, en el nuevo país. Este proceso de reubicación es más simple que el que atraviesa un particular o un empresario independiente que deciden establecerse por sus propios medios con toda su familia o su negocio, ya que en el traslado de ejecutivos el destino, los documentos legales (visa) y el trabajo ya están resueltos.

En el caso de una familia que decide emigrar por sus medios no existe el soporte de una empresa multinacional que la traslade y haga frente a los gastos asociados al proceso. Esto obliga al inversor a encarar una planificación minuciosa para su migración, con el fin de asegurarse de que sea exitosa y se pueda disfrutar mucho más que padecer por no contemplar cada detalle.

Para cada persona o familia la migración tiene un orden particular. Siempre debe haber un ancla, un tema por el cual se empieza a coordinar y planificar la sucesión de eventos o de gestiones que hay que llevar adelante para llegar de forma exitosa y con la familia bien ubicada en el lugar. InBuilders gestiona, acompaña y opera cada etapa de la migración a Estados Unidos, velando por los intereses del inversor o migrante.

La gran pregunta es: ¿por dónde empezar? El punto de partida más común es saber dónde se va a vivir. A veces está muy claro, porque fue una ilusión de toda la vida, pero en la gran mayoría de los casos la decisión no está tan clara. Esta pregunta es muy particular y se trabaja específicamente con cada familia.

InBuilders se especializa en el área donde está establecida, el sur de Florida, así que muchos de los consejos que se dan son con este destino en mente. Sin embargo, mucho de lo que se habla en estas líneas se aplicará más allá del destino final elegido.

EL SUR DE FLORIDA

El estado de Florida presenta muchas ventajas al inmigrante; prueba de ello es que una de cada cuatro personas que emigran a los Estados Unidos cada año llega a radicar aquí. Entre las principales razones están su economía, que es muy estable, y el clima, que les es atractivo sobre todo a los latinoamericanos. Florida es, también, el más familiar de los destinos vacacionales para muchos de los que han llegado alguna vez como turistas a disfrutar sus playas y sus parques de atracciones. Eso sí, al elegir el lugar donde vivir es importante tomar en cuenta que venir de visita y echar raíces es más diferente de lo que uno se imagina.

A la hora de los negocios el sur de Florida es un trampolín, un puente natural para toda América Latina, una puerta de entrada ideal para incursionar en el inmenso mercado estadounidense.

El idioma es un factor que los hispanoparlantes minimizan al elegir este destino, por considerar que «ahí todos hablan español». Sí se habla el idioma, pero en más de 20 formas, ya que cada cultura tiene lo suyo. Esto no es un detalle menor. Si la pretensión es crecer y desarrollarse comercialmente en el país, es primordial dominar el inglés tanto como sea posible.

Beneficios de vivir en Florida

- Es uno de los destinos más preciados para hacer negocios
- Proximidad geográfica a América Latina
- El grupo inmigrante más numeroso son los latinos
- Política impositiva favorable
- La mano de obra es altamente calificada
- El clima es ideal

MIAMI NO ES FLORIDA

Muchos hablan de Miami como el lugar al que les gustaría llegar. Es lógico y comprensible, pues quizá alguna vez hayan visitado la ciudad. Sin embargo, a la hora de pensar una nueva vida es preciso identificar cuáles son los barrios o ciudades en los que se desarrolla la vida de las comunidades del sur de Florida. La componen cuatro condados: Miami Dade (donde se encuentra la ciudad de Miami), Broward (al norte de Miami Dade), Palm Beach (al noreste) y Collier (al noroeste).

Muchos turistas suelen hablar de Miami para referirse a toda el área comprendida por los condados de Miami Dade y Broward, ya que son los más densamente poblados por gente de origen latinoamericano e hispanoparlantes. En un mapa del sur de Florida, toda la franja este de dichos condados es la más visitada por los turistas. En toda la franja del oeste se concentran las áreas residenciales. Entender esto será clave para la elección del lugar de residencia.

Dónde se quiere vivir es un dato fundamental para trabajar con el agente de reubicación a partir de los objetivos que se tracen, los que dependerán de qué se haya definido como prioridad: la familia, el trabajo, la educación de los hijos, etc. Por ejemplo, Doral, en Miami Dade, es una urbe residencial, pero rodeada por un anillo industrial y muchas posibilidades comerciales, ubicada cerca del Aeropuerto Internacional de Miami. En cambio, Weston, en Broward, es eminentemente residencial y tiene la particularidad de estar rodeada por autopistas, lo que les da a sus habitantes gran privacidad y una excelente conectividad para entrar y salir tanto hacia el sur como hacia el este o el oeste del estado.

El mejor lugar para vivir siempre dependerá del trabajo o actividad comercial que se planee desarrollar, al igual que de las actividades cotidianas de los integrantes de la familia. En Florida las distancias son grandes y el medio de transporte habitual es el automóvil, ya que hay muchas zonas que no cuentan con una red de transporte público.

ETAPAS DE LA MIGRACIÓN

Los planes migratorios de una familia se estructuran en tres etapas:

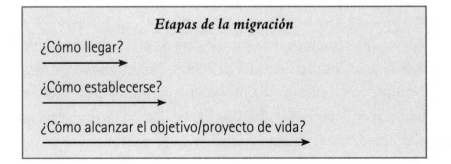

Etapas de la migración

¿Cómo llegar?

¿Cómo establecerse?

¿Cómo alcanzar el objetivo/proyecto de vida?

¿Cómo llegar?

Lo primero que hay que identificar son las herramientas necesarias para migrar y con cuáles de ellas ya se cuenta. Esta es la etapa del diagnóstico, cuyo objetivo es comprender cuáles son las opciones legales existentes que mejor se adaptan al perfil del inversor y su familia.

No hay una forma única, sino que en cada caso debe identificarse la más adecuada. Para esta etapa el asesoramiento de un abogado de migración es vital, pero no se debe confundir su asesoramiento y guía con la toma de decisión. El especialista nos presentará las opciones y llevará adelante el proceso legal, pero no va a decidir qué debe hacer el inversor, en qué debe trabajar o cuál es el mejor lugar para vivir. El asesor legal únicamente evalúa las opciones legales al alcance del inversor para saber si es factible iniciar un proceso migratorio exitoso. Por este motivo es clave definir objetivos antes de una primera reunión con él, con el fin de optimizarla.

¿Cómo establecerse?

Es fundamental explorar y definir opciones para establecerse y mantenerse durante los primeros años de residencia. Para esto es necesario planificar y estructurar la migración. Hay que definir y tener muy claro cuál es el objetivo de vida en Estados Unidos, qué resultado se busca con la migración, por qué se ha decidido vivir en Estados Unidos, cuáles son las expectativas para el mediano y el largo plazos. Ese objetivo no se alcanza en la primera etapa ni en la segunda, pero debería estar claro desde el momento en que se emprende el camino.

Mucha gente llega a Estados Unidos escapando de una situación complicada en su país de origen, y confunde esa huida con el objetivo de la migración. Una gran cantidad de personas fracasa porque comienzan a pensar en su objetivo cuando, por muchas y diferentes razones, ya es muy tarde para alcanzarlo.

Entre los pasos a definir en el plan habrá que identificar cuáles serán los gastos mensuales en función de la estructura familiar y el lugar de residencia elegido, así como los costos relacionados con la educación y la salud.

Otra pregunta común es: «¿Cuáles son los costos de vida promedio mensual para una familia de dos adultos y dos hijos en edad escolar?». Si bien es difícil precisarlo, puede calcularse que para cubrir las necesidades básicas (incluyendo vivienda, salud, educación, alimentación y automóvil) se necesita un monto que ronde entre los 6 000 y los 10 000 dólares.

La vivienda es otro de los temas fundamentales que definir. La creencia general es que, como uno está llegando a un nuevo lugar y no sabe si se va a sentir bien ahí, el primer año empezará rentando una vivienda. Este pensamiento podría ser válido, pero el no evaluarlo correctamente puede llevar a uno de los errores más comunes y costosos de la migración. Hoy por hoy obtener un crédito siendo extranjero para la compra de una vivienda con un pago inicial equivalente al 30 o 40% del valor total y financiando el saldo a 30 años es muy simple, con tasas que están apenas por encima de las que obtiene un residente o ciudadano. Sobre todo, la cuota del préstamo será menor que el valor de una renta para una propiedad con características similares. Esta posibilidad se perderá automáticamente al obtener la residencia y comenzar a residir aquí, y se deberá esperar al menos dos años (incluso más) para construir un historial de crédito y realizar las presentaciones de impuestos que demuestren suficiente solvencia y confiabilidad para que una entidad conceda un crédito. Parece extraño, pero así es el sistema estadounidense.

Además de la cuestión crediticia, al llegar con hijos en edad escolar lo más probable es que se quiera permanecer en el área postal en la que se encuentra el colegio público en el que los niños estén inscritos. Aquí se accede a los colegios públicos en relación directa con el área de residencia, lo que podría obligar a alguien a permanecer en la misma zona por varios años.

¿Cómo alcanzar el objetivo o proyecto de vida?

Una de las visas más utilizadas por personas de países que se encuentran en tratado de comercio con Estados Unidos es la E2 o de inversionista. Tal como su nombre lo indica, se basa en la puesta en marcha o adquisición de un negocio por el solicitante. (Esta y otras visas se analizan a detalle en capítulos posteriores). Con la visa E2 el oficial de migraciones que analice el caso observará principalmente que el plan de negocios presentado sea sostenible en el tiempo, permita al interesado y su grupo familiar directo sostenerse económicamente gracias a los frutos de ese negocio y que sea una fuente de generación genuina de empleo para residentes o ciudadanos estadounidenses.

El negocio elegido puede ser excelente para cumplir con el objetivo migratorio y completar exitosamente las etapas 1 y 2, pero no siempre la última. Si llega la familia de un ingeniero civil con experiencia en construcción que, como parte del plan, adquiere una franquicia de una cadena de sándwiches, habrá que preguntarse ¿por cuánto tiempo querrá estar detrás de un mostrador o una caja registradora, controlando la marcha del negocio de comida?

Por eso existe la necesidad de tener un plan que permita alcanzar el objetivo trazado al momento de decidir emigrar.

¿QUÉ SERVICIO BRINDA UN AGENTE DE REUBICACIÓN CENTRADO EN FAMILIAS Y EMPRESARIOS INDEPENDIENTES?

Reunión introductoria. El objetivo de la primera reunión es orientar y aclarar dudas relativas al proceso migratorio, definir el perfil de inmigrante y el del grupo familiar para determinar las mejores zonas para vivir, así como dar una introducción al sistema educativo, los seguros médicos y otras cuestiones particulares relativas al estilo de vida.

Asesoría legal. Ya sea para emigrar a Estados Unidos a través de la inversión, o para invertir y comprender el alcance y las obligaciones legales de la empresa a conformar, el agente de *relocation* vincula al inversor con abogados especialistas en migraciones, corporativos o planificación patrimonial (de acuerdo con la necesidad), quienes brindan toda la información relativa, y acompañarán al inversor durante todo el proceso.

Contabilidad e impuestos. Junto al agente se define el mejor profesional contable que ayude a estructurar desde el formato de compañía ideal hasta los pasos correctos para optimizar la inversión u organizar las finanzas personales.

Apertura de cuenta bancaria. La apertura de una cuenta bancaria en Estados Unidos siendo extranjero y sin contar con un historial de crédito (*credit record*) no es tarea sencilla. Un buen agente de reubicación puede asistir y vincular al migrante con bancos especializados en expatriados para facilitar esta tarea.

Crédito para extranjeros. ¿Qué requisitos son necesarios? ¿El inversor califica para un crédito que le permita comprar una propiedad residencial? ¿Y para un negocio en marcha? El agente de *relocation* puede acompañarlo y presentarle compañías hipotecarias que resuelvan dudas sobre este tema, con acompañamiento durante el proceso de calificación, lo que permitirá iniciar la búsqueda de vivienda o negocio con mayor certeza y celeridad.

Búsqueda de vivienda. Una vez determinada la zona adecuada y cumplido el proceso de precalificación crediticia —diferente en el caso de la renta o de la compra, pero igualmente necesario— y definido si se rentará o adquirirá una propiedad para residir, el agente asistirá en la búsqueda junto a un agente inmobiliario licenciado (*realtor*), y acompañará al inversor y su familia en todo el proceso, desde la búsqueda hasta la firma y entrega de la vivienda.

¿De qué se va a vivir? Junto a un *broker* de negocios especializado en *start ups*, compra de negocios en marcha o adquisición de franquicias, el agente brinda toda la información necesaria para ayudar al inversor a tomar esta difícil decisión, sea que quiera emigrar a Estados Unidos o solo adquirir un negocio para operar allí.

Educación. Dependiendo del tipo de educación que los integrantes del grupo familiar deban recibir (primaria, secundaria o terciaria/universitaria) y en función de la zona de residencia definida, el agente de reubicación entrará en contacto directo con los directores de admisión de la institución correspondiente para concertar citas y así asistir en la búsqueda y selección de la escuela más adecuada para el perfil de la familia. En el caso específico de las universidades, el agente puede vincular a la familia con *counselors* matriculados y dedicados específicamente a la tarea de asesorar a estudiantes extranjeros para detectar y definir la mejor opción disponible.

Elección del plan de salud. Las empresas de reubicación colaboran con *brokers* de seguros médicos que hablan español y conocen a la perfección el complejo sistema de salud de Estados Unidos. Ellos contactan con un agente de seguros para encontrar el mejor plan para la situación familiar concreta.

Seguro social (*social security*). El agente asiste y guía en el proceso de la obtención de un número de seguridad social, trámite necesario para conseguir la licencia de conducir, un préstamo para automóvil o comenzar a construir un historial crediticio.

Licencia de conducir. Para conseguir una licencia de conducir local en Estados Unidos hace falta presentar un examen teórico y uno práctico. Un buen agente de *relocation* facilitará un *test* que ayudará en la preparación del examen y guiará al inversor en la obtención de una cita para la licencia.

Registro consular. El agente pondrá en contacto al inversor con el consulado de su país en Estados Unidos para el alta como residente de los Estados Unidos.

Un agente de reubicación es un profesional experto en dirigir y facilitar el proceso de mudanza hacia un nuevo destino. Su principal objetivo es asegurarse de que la transición sea lo más fluida y eficiente posible. Desde la planificación inicial hasta la implementación final, este agente es un líder confiable que supervisa cuidadosamente cada paso del camino.

Con su enfoque en la simplificación del proceso, maneja todos los aspectos, desde la planificación a gran escala hasta la atención meticulosa de los detalles más pequeños. Al trabajar en estrecha colaboración con el inversor se asegura de que todos los pasos del plan migratorio estén bien coordinados y optimizados para ahorrar tiempo, dinero y energía.

En definitiva, un agente de *relocation* es un valioso recurso para cualquier persona que esté considerando mudarse, ya que puede ofrecer la orientación y el apoyo necesarios para asegurar una transición exitosa y sin problemas.

Capítulo 3

Historial de crédito

Gastón Schneider y Nilda Gauna, QKapital Group

IMPORTANCIA DE UN BUEN HISTORIAL CREDITICIO

Si se es nuevo en Estados Unidos, ya sea de forma permanente o temporal, y se tiene un número de seguridad social o un número de contribuyente fiscal, empezar a establecer un historial de crédito es una excelente decisión.

En este país, sin un historial de crédito es más complicado obtener cualquier forma de financiación, alquilar una vivienda, encontrar trabajo, contratar un seguro o contratar un simple servicio de internet, pues los prestadores de servicios necesitan saber qué tipo de cliente es un individuo, si pueden confiar en él y si cumplirá con sus obligaciones. En pocas palabras, les ayuda a decidir si quieren hacer tratos con alguien. El reporte crediticio es un retrato del comportamiento financiero.

Es posible que un individuo ya tenga un historial en su país de origen, pero en la mayoría de los casos esto no es transferible entre países y puede funcionar de manera diferente.

El instrumento utilizado para medir un desarrollo crediticio es el informe de crédito, un simple reporte con el historial de pago de facturas, deudas actuales y otras informaciones financieras para calificar solvencia económica.

Los sistemas de informes de historial de crédito funcionan para que los bancos eviten prestar dinero a clientes que ya están sobregirados o que tienen un historial de no pagar sus deudas. Este informe puede afectar un préstamo, el alquiler de un departamento, etc. Mientras más alto sea el puntaje, más baja será la tasa de interés para un préstamo o una tarjeta de crédito. El puntaje de los créditos generalmente son cifras entre 300 y 850. Los acreedores, los empleadores, las aseguradoras y otras empresas compran estos informes para determinar:

- Qué cantidad de dinero pueden prestar
- Si se ha sido demandado
- Qué tasa de interés cobrarán
- Si el cliente paga sus cuentas a tiempo
- Si alguna vez se ha declarado en bancarrota

Hay tres principales agencias de crédito al consumidor: TransUnion, Equifax y Experian. Cada sistema calcula su puntaje de diferente manera. Las fórmulas más usadas son VantageScore Solutions y FICO, sobre todo este último. Ochocientos puntos o más significan un desempeño excelente y menos de 580 uno pobre; en medio están aceptable, bueno y muy bueno.

Las tarjetas de débito y las tarjetas de débito prepagadas no ayudan a construir crédito, pues los detalles de esas cuentas no suelen informarse a las agencias de crédito.

No hay un tiempo determinado para construir un historial de crédito; el puntaje depende de cómo se manejen las deudas, y quizá hasta sea necesario establecer una combinación de préstamos y cuentas bancarias para llegar a un buen número.

La tarea de construir crédito puede resultar difícil. ¿Cómo desarrollar un historial crediticio que demuestre que alguien paga fielmente lo que pides prestado, si nadie da crédito para empezar? Además, es necesario tener al menos una cuenta bancaria desde varios meses atrás, así como un acreedor que haya reportado actividad a una agencia de crédito. Sin crédito no se puede adquirir un auto, comprar una casa o tener un préstamo para una inversión. Así, es imprescindible tener un buen historial. Pero sí hay manera.

CÓMO CONSTRUIR UN BUEN HISTORIAL CREDITICIO EN POCO TIEMPO

Solicitar una tarjeta de crédito asegurada

En cuanto obtengas un número de seguridad social o tu número de contribuyente fiscal debes abrir una cuenta bancaria y sacar la tarjeta de crédito conocida como *secured credit card* (tarjeta de crédito asegurada); casi todos los bancos cuentan con ella (por ejemplo, Capital One, Discover y Citi). Esta puede utilizarse para abrir camino en el mundo del crédito; se la otorgan a cualquier persona que tenga efectivo, ya que deja su propio dinero en garantía, y la cantidad del depósito es usualmente la misma del límite del crédito que se impondrá a la tarjeta.

Funciona como cualquier otra: se pueden hacer compras, pagos en la fecha de vencimiento o antes, y se generan intereses si no se paga el saldo completo. El depósito de efectivo es usado como colateral si no se cumple con los pagos.

Es una estrategia fácil para empezar a generar historial de pagos puntuales, ya que la idea es liquidar el saldo cada mes. Utilizarla responsablemente le demuestra al buró de crédito, los bancos y cualquier institución financiera que el cliente es una persona capacitada y responsable para manejar un crédito.

Su propósito es establecer crédito hasta que el individuo califique para una tarjeta no asegurada, es decir, una tarjeta regular: sin un depósito y con mejores beneficios.

Se recomienda escoger una tarjeta asegurada que no tenga un cargo anual o cuyos cargos sean bajos, y no tener más de una tarjeta asegurada. Es una ventaja que tenga *cash back*. También habrá que asegurarse de que la compañía que la haya emitido envíe reportes al menos a una de las tres agencias de crédito ya mencionadas.

Solicitar un préstamo asegurado

También llamado *credit builder*, este préstamo es exactamente lo que su nombre indica: su único propósito es ayudar a la gente a establecer su crédito. A diferencia de un préstamo bancario tradicional, el cliente no obtendrá el dinero hasta que haya hecho una serie de pagos. Es una especie de programa de ahorro forzado.

Si se paga el préstamo como fue estipulado, la institución financiera promete mandar un buen informe a las agencias de crédito. Estos préstamos son a menudo ofrecidos por cooperativas de crédito o bancos comunitarios en pequeñas cantidades, en un rango de 500 a 3 000 dólares. Las tasas de interés tienden a ser bajas, entre el 4 y el 12%. Antes de solicitarlo hay que asegurarse de que los pagos se reporten a por lo menos una de las principales agencias de crédito al consumidor.

Conseguir un cofirmante

Es posible solicitar un préstamo o una tarjeta de crédito asegurada usando un cofirmante como fiador, en el que tanto él como el cliente son responsables de la cantidad total que se debe si el cliente no paga.

Ser un usuario autorizado en la tarjeta de crédito de otra persona

Un miembro de la familia, un amigo de confianza o una pareja puede agregar a otro como usuario autorizado en su tarjeta de crédito. Eso dará acceso a una tarjeta de crédito y servirá para construir un historial crediticio.

Si un amigo utiliza su tarjeta de manera responsable, paga a tiempo y mantiene un saldo bajo, el usuario agregado podría obtener un buen crédito por esos hábitos saludables. Ahora bien, si no la usa con responsabilidad, cualquier información negativa que aparezca en sus informes de crédito también aparecerá en los del cliente agregado.

Antes de llegar a un acuerdo habrá que comprobar con la empresa que emite la tarjeta:

- ¿Se puede salir de la cuenta sin el permiso del cliente inicial?
- ¿Informa el emisor sobre los usuarios autorizados a por lo menos una de las tres principales agencias de información crediticia?
- ¿Comunica el emisor información positiva y negativa a las agencias de usuarios autorizados?
- ¿Qué sucede con el crédito del cliente agregado después de salir de la cuenta?

El titular de la tarjeta tiene que averiguar si el banco que la emitió reporta la actividad de un usuario autorizado a las agencias de crédito. Generalmente sí se hace, pero es mejor estar seguro, ya que, de no ser así, el migrante no podrá construir crédito.

Obtener un préstamo estudiantil federal

Administrar un préstamo estudiantil puede ser una buena vía si se hace de manera responsable. De hecho, puede tener un impacto positivo en tres de los cinco factores que componen un buen puntaje crediticio: historial de pagos, duración del historial y combinación de créditos.

Como el factor más ponderado de un puntaje crediticio es el historial de pago (representa 35% del puntaje), se vuelve un componente central en el valor total del crédito. Por eso, al ser beneficiario de un préstamo estudiantil, una de las mejores cosas que se pueden hacer para conservar un alto puntaje crediticio es pagar la totalidad de la factura cada mes antes de la fecha límite. También ayuda comenzar a pagar el préstamo antes de lo previsto, ya que se reportan como pagos reales en el historial crediticio y tienen un impacto positivo.

Al igual que con otros tipos de préstamos, los préstamos estudiantiles pueden meter a alguien en problemas si no hay cuidado con los pagos o hay demasiada deuda.

Pedir que los pagos del alquiler se informen a las agencias de crédito

Cuando se alquila una casa se hace un pago bastante grande cada mes. Ese historial de alquiler positivo puede ayudar a mejorar el crédito. Servicios como RentTrack aceptan tales pagos y los reportan a las agencias de crédito. Estas compañías normalmente añaden una cuota (alrededor del 1% al 3% del monto del alquiler), que deberá pagar el dueño de la casa o el inquilino.

RentTrack, que informa a las tres principales oficinas de crédito, dice haber visto un aumento de 29 puntos en dos meses y 132 puntos en dos años en promedio.

OBTENER INFORMES DE CRÉDITO

En Estados Unidos se puede recibir cada 12 meses un informe gratis de cada una de las tres agencias nacionales de crédito. En esta imagen instantánea el puntaje se calcula con base en el informe de crédito, así que un error puede causar un puntaje más bajo. Para más información puedes visitar AnnualCredit-Report.com.

Hay además una forma rápida de revisar el puntaje de crédito y evaluar cualquier progreso: en creditkarma.com. Dicen que lo que no se mide no se puede mejorar, así que para tener una mejor salud crediticia ayudará mucho estar constantemente enterado del crédito; así, si hay algo malo o mal reportado se puede actuar de inmediato.

Mucha gente, ya que logra crear un historial de crédito en Estados Unidos, no lo cuida lo suficiente. Eso es un error. Alcanzar un buen puntaje es un proceso delicado; cuidarlo celosamente lo es más, pues de él dependerá el desarrollo en este país.

Al principio costará entender cómo funciona este país y cómo se vive aquí. Tal vez parezca un poco cuadrado en comparación de los países latinoamericanos. La forma estadounidense de trabajar parte de la premisa de que las cosas se hacen bien, y las salidas fáciles o rápidas no siempre son las más convenientes. Por ejemplo, conductas como no pagar a tiempo o endeudarse por encima de la capacidad de pago mensual no ayudarán a crear riqueza y a acceder a las ventajas de crecimiento y desarrollo que tiene la sociedad estadounidense.

Capítulo 4

Seguro médico

Alejandro Castillo Manrique, Aleb Insurance Group

LA IMPORTANCIA DE UN BUEN SEGURO MÉDICO

El sistema de salud de Estados Unidos es uno de los más avanzados del mundo. También es uno de los más complejos y costosos; no es fácil entender cómo funciona y qué opciones tienen los residentes a su disposición. En las siguientes páginas se describe el sistema y se brinda información útil para saber qué tomar en cuenta al buscar cobertura médica.

En este país, para garantizar una atención médica adecuada y accesible en caso de enfermedad o lesión es esencial tener un buen seguro médico. Sin él, los costos médicos pueden traducirse en una fuerte carga financiera.

Un buen seguro médico ofrece:

- Acceso a una amplia gama de servicios, incluyendo pruebas, tratamientos y hospitalizaciones.
- Protección financiera, para cubrir o reducir significativamente los costos médicos, que de otro modo serían prohibitivos.

- Cobertura para emergencias, con la cobertura necesaria para recibir la atención adecuada sin preocuparse por los costos.
- Acceso a una amplia red de proveedores, incluyendo médicos, hospitales y clínicas que pueden brindar atención médica de calidad.

Para proteger la salud y el bienestar financiero es importante investigar y elegir cuidadosamente el plan de seguro médico que mejor se ajuste a las necesidades y presupuesto de cada persona o familia.

¿CUENTA ESTADOS UNIDOS CON UN SISTEMA DE SALUD PÚBLICO?

En Estados Unidos existe un sistema de salud público, aunque no es tan amplio y universal como en otros países. Lo que no hay es un sistema de salud universal o único, como el de algunos países de América Latina. El estadounidense se compone principalmente de programas administrados por el gobierno federal, como Medicare y Medicaid. Es una mezcla de programas de seguros estatales o federales, que juntos conforman el sistema sanitario.

Medicare es un programa federal de seguro médico para gente mayor de 65 años y algunas personas con discapacidades. Medicaid es un programa de seguro de salud para personas de bajos ingresos, administrado por los estados. Ambas son opciones importantes para quienes no tienen acceso a un seguro de salud a través de su empleador o que no pueden permitirse un seguro de salud privado.

A pesar de estos programas, mucha gente aún no tiene acceso a un seguro de salud adecuado, por lo que los costos de la atención médica pueden ser muy altos. Hay una discusión continua sobre cómo mejorar este sistema de salud público en Estados Unidos y garantizar un acceso asequible y de calidad a la atención médica para todos los residentes, pero hasta hoy es una asignatura pendiente.

Sistema de salud público y privado

En Estados Unidos el sistema de salud se divide en público y privado. El público está compuesto principalmente por programas federales como los ya mencionados. El privado, por otro lado, está compuesto por compañías de seguros privadas y se financia a través de primas y pagos de los beneficiarios. A menudo quienes tienen cobertura de seguro médico privado también tienen una prima mensual. Aunque el sistema privado ofrece mayor variedad de opciones y más flexibilidad para elegir proveedores, puede ser más costoso que el sistema público.

El hecho de que en Estados Unidos no haya un sistema de salud universal provoca que un gran porcentaje de la población no cuente con un seguro médico.

El sistema de salud es financiado por una combinación de fuentes, incluyendo el gobierno federal, los gobiernos estatales, los empleadores, los particulares y las aseguradoras de salud.

El gobierno federal financia programas como Medicare y Medicaid. Los empleadores también tienen un papel importante en la financiación del sistema de salud, al ofrecer seguros de salud a sus empleados como parte de su paquete de compensación. Los particulares contribuyen al sistema de salud mediante primas de seguro de salud que pagan de su bolsillo para obtener servicios médicos no cubiertos por su seguro. Las aseguradoras, tanto las compañías de seguros privadas como las organizaciones sin fines de lucro, también financian el sistema de salud al brindar cobertura de salud a los particulares y a los empleadores.

MERCADO DE SEGUROS MÉDICOS

La Ley del Cuidado de Salud a Bajo Precio ayuda a familias e individuos a obtener un seguro de salud sin importar sus ingresos o su historial médico. El Mercado de Seguros Médicos permite a individuos y empresas buscar y comparar pólizas. Los planes varían en costo, cobertura y nivel de servicio.

Cualquier persona puede usar el Mercado de Seguros Médicos para explorar sus opciones de cobertura de salud, incluso si ya tiene un seguro. Los requisitos para obtener un seguro a través del Mercado son:

- Vivir en Estados Unidos.
- Ser ciudadano estadounidense por nacimiento, naturalizado, residente permanente con *green card* o estar en el país de manera legal.
- No estar encarcelado.

En www.cuidadodesalud.gov se puede hallar la mejor alternativa de seguro médico: se proporciona información sobre tipos de servicio médico, cuidado preventivo y más. Si un empleador no da un seguro, si se trabaja por cuenta propia, o se prefiere comprar de forma independiente, se puede obtener seguro médico, dental y de la vista a través del Mercado de Seguros Médicos.

Para elegir un plan hay que considerar factores como la necesidad de un médico de cabecera o especialista, la frecuencia de visitas al médico, la cantidad de copagos y deducibles, el costo total del seguro médico, el costo mensual de la prima y otros gastos relacionados con la atención médica.

Para ayudar a gente con ingresos bajos y medianos a pagar su seguro médico, con una reducción en el costo de la prima mensual, los copagos y los deducibles, hay subsidios gubernamentales, disponibles en la plataforma en línea del Mercado de Seguros Médicos.

Algunas de las opciones de programas de salud son:

1. *Obamacare.* Para quienes no tienen cobertura a través de su empleador y no califican para Medicaid.
2. *Seguro de salud de grupo.* Para quienes tienen cobertura a través de su empleador. Este paga una parte del costo y los empleados otra.
3. *Medicare.* Para personas que tienen más de 65 años o alguna discapacidad.
4. *Medicaid.* Para personas con bajos ingresos.
5. *Children's Health Insurance Program.* Para niños cuyas familias no califican para Medicaid y no pueden permitirse comprar un seguro de salud privado.
6. *Seguros de salud individuales.* Para quienes no tienen cobertura a través de su empleador y no califican para Medicare ni Medicaid.

Obamacare

También conocido como el Affordable Care Act (Ley de Cuidado de Salud Asequible, ACA), el Obamacare fue implementado en 2010 con el fin de proporcionar un acceso más amplio y asequible a la atención médica para los ciudadanos estadounidenses. Establece un mercado de seguros de salud llamado Cuidado de Salud a Bajo Precio, en el cual los individuos y las pequeñas empresas pueden comparar y comprar seguros de salud asequibles. También da, a quienes cumplen ciertos requisitos, subsidios para ayudarles a pagar sus primas de seguro de salud. Establece una serie de regulaciones en las aseguradoras, como la prohibición de denegar cobertura a personas con enfermedades preexistentes y la exigencia de que todos los planes de seguro de salud ofrezcan un paquete básico de beneficios. A pesar de su popularidad, ha sido objeto de controversia e impugnaciones legales desde el principio. Algunos alegan que es costoso y limita la libertad individual, mientras que otros defienden su importancia para garantizar que todos tengan acceso a la atención médica.

Children's Health Insurance Program

El CHIP, que brinda cobertura de atención médica a niños cuyas familias no califican para Medicaid y no pueden comprar un seguro privado, es un programa federal administrado por los estados, y cada uno puede establecer sus propios requisitos y cobertura. En general, abarca servicios básicos, como consultas médicas, hospitalización, pruebas y tratamientos, y en algunos casos cobertura dental y de la vista.

ATENCIÓN MÉDICA Y PROVEEDORES

Diferentes tipos de proveedores de atención médica brindan servicios a los pacientes. En general, es importante elegir un proveedor en quien se confíe y con quien se pueda trabajar estrechamente para mantener la salud. Algunos de los tipos más comunes:

1. *Médicos.* Profesionales de la salud que se especializan en el diagnóstico y el tratamiento de enfermedades y lesiones. Los hay de diferentes tipos, como médicos generales, especialistas y cirujanos.
2. *Hospitales.* Instituciones médicas que brindan atención integral, incluyendo atención médica de emergencia, cirugías y cuidados intensivos.
3. *Clínicas.* Centros médicos que brindan atención médica primaria y especializada. Pueden ser operadas por el gobierno, organizaciones sin fines de lucro o compañías privadas.
4. *Farmacias.* Establecimientos que dispensan medicamentos y brindan información sobre cómo usarlos de manera segura y efectiva.

Algunos factores a considerar al elegir el proveedor adecuado para las necesidades médicas:

1. *Especialización.* Si existe un problema médico específico, es importante buscar un médico o clínica que se especialice en esa área.
2. *Ubicación.* Considerar la ubicación de la clínica u hospital, ya que es importante que esté cerca en caso de emergencia.

3. *Costo.* Puede variar según el proveedor y el seguro que se tenga; hay que asegurarse de conocer los costos antes de elegir a un proveedor.
4. *Reputación.* Habrá que tener en cuenta el grado de satisfacción de los pacientes y la reputación del médico en cuanto a la calidad de la atención que brinda.
5. *Accesibilidad.* Por último, hay que asegurarse de que los horarios se ajusten a las necesidades del paciente y de que el proveedor tenga una política de cita flexible.

CÓMO FUNCIONA EL SISTEMA DE ATENCIÓN MÉDICA

El complejo sistema de atención médica en Estados Unidos varía en función de factores como la cobertura del seguro, el estatus migratorio, la ubicación geográfica y la capacidad de pago.

Cuando se necesita atención se puede programar una cita con un médico, un enfermero practicante o un proveedor de atención médica. En casos de emergencia médica se puede visitar una sala de urgencias. La atención médica se paga a través del seguro; el paciente es responsable de pagar una parte del costo a través de deducciones, primas, copagos y deducibles.

Existe un sistema de hospitales y clínicas que brindan atención médica a pacientes con y sin seguro médico.

Por lo general se puede elegir libremente a los profesionales que brinden sus servicios, aunque depende en gran medida de la cobertura del seguro.

Si se tiene seguro médico a través de un empleador, es

posible que tenga una lista de proveedores autorizados. Si se quiere a un proveedor fuera de esa red, es posible que haya que pagar mucho más.

Con un plan de seguro médico individual se puede elegir a cualquier proveedor de atención médica que este acepte. Es importante verificar si un seguro cubre a un proveedor específico antes de programar una cita.

Revisar atentamente los términos y condiciones de cobertura permitirá tomar una decisión informada y evitará costos no deseados o sorpresas.

Las empresas privadas a menudo brindan a sus empleados una variedad de opciones de seguros de salud a través de planes de seguros colectivos o programas de compensación. Suelen incluir opciones para el seguro médico, dental y de la vista, así como para el seguro de vida y discapacidad.

Sus planes a menudo incluyen opciones de seguro de grupo, que ofrecen una amplia gama de proveedores y precios más bajos que los seguros individuales. Los empleados también pueden optar por seguros de salud individuales, que, si bien son más costosos, ofrecen más flexibilidad en cuanto a la elección de proveedores.

Además, muchas empresas ofrecen descuentos adicionales a empleados que participan en programas de acondicionamiento físico y alimentación sana o que quieren dejar de fumar. Estos programas, al fomentar una vida saludable, reducen los costos de atención médica a largo plazo.

Las empresas que ofrecen seguros de salud a sus empleados lo hacen mediante compañías de seguros. Entre las más grandes y reconocidas están United Health Group, Anthem, Cigna, Humana, Aetna y Blue Cross Blue Shield. Las empresas pueden elegir entre una o más, y los empleados pueden elegir entre las opciones de seguro de salud disponibles para ellos. Es importante que antes de tomar una decisión estos revisen cuidadosamente los términos y condiciones de los diferentes planes, y que hablen con un agente de seguros o con recursos humanos de su empresa si tienen preguntas o incertidumbres.

Financiamiento de la atención médica

En los Estados Unidos los elevados costos de la atención médica son una importante causa de preocupación para mucha gente. En el costo y el financiamiento de dicha atención entran en juego varios factores:

1. *Seguros de salud.* Son una forma importante de financiar la atención médica. Entre sus diferentes tipos están los seguros privados ofrecidos por empleadores, los seguros vendidos en el mercado individual y los programas gubernamentales como Medicare y Medicaid.

2. *Costos asociados con la atención médica.* Además del seguro de salud, estos costos asociados pueden incluir copagos, deducibles y otros gastos no cubiertos. Es importante conocer los detalles del seguro de salud para entender cuánto habrá que pagar por los gastos médicos.

3. *Costos de medicamentos recetados.* Pueden representar un gasto importante para muchas personas. Algunos seguros de salud asumen parte o la totalidad de los costos, pero es importante saber cuáles son los medicamentos cubiertos y cuáles no.

4. *Opciones de ayuda financiera*. Además de los programas gubernamentales, se puede recibir asistencia financiera a través de organizaciones sin fines de lucro y programas de asistencia de los fabricantes de medicamentos.

Cambio de seguro de salud

Hay varios factores que pueden influir en la decisión de cambiar de un seguro de salud; por ejemplo:

1. *Costo*. Un aumento en el costo de las primas o copagos puede ser motivo suficiente para cambiarlo.
2. *Cambios en la cobertura*. Si un plan de seguro de salud actual deja de cubrir un tratamiento o procedimiento importante, se puede considerar cambiar de plan.
3. *Cambios en la situación laboral*. Si alguien cambia de trabajo y el nuevo empleador no puede mantener el mismo plan de seguro o si alguien se convierte en empleador independiente, quizá haya necesidad de un cambio.
4. *Cambios en la vida personal*. Si se tiene un bebé, se adopta un niño o hay un matrimonio, quizá convenga cambiar la cobertura de tu seguro de salud.
5. *Mejores opciones disponibles*. Con frecuencia, las compañías de seguros presentan nuevos planes con mejores opciones y tarifas más bajas, lo que sin duda puede motivar el cambio.

La mayoría de los cambios en los seguros de salud son anuales y tienen lugar en el otoño.

Cómo elegir compañía y plan de cobertura

Entre los principales factores a considerar al elegir una compañía y un plan de cobertura de salud están:

1. *Costo.* Probablemente uno de los factores más importantes; incluye la prima mensual, el deducible, los copagos y los coaseguros.
2. *Cobertura.* Asegurarse de que sea la adecuada para las necesidades; considera las enfermedades preexistentes, las visitas al médico, la hospitalización, la cirugía y los medicamentos recetados.
3. *Red de proveedores.* Verificar si los proveedores de atención médica habituales están dentro de la red de proveedores del plan; si no lo están, es posible que haya que pagar más por su atención.
4. *Reputación de la compañía.* Investigar la reputación de la compañía de seguros de salud antes de elegirla: buscar opiniones en línea y hablar con conocidos para saber su experiencia con diferentes compañías.
5. *Flexibilidad.* Algunos planes ofrecen opciones de elegibilidad y de atención médica, como la telemedicina. Considerar las necesidades individuales y pensar si un plan más flexible no sería el más adecuado es fundamental.

Es importante tomarse el tiempo necesario para evaluar y comparar las diferentes opciones de seguro de salud antes de tomar una decisión. La elección de una compañía y plan de cobertura de salud puede tener un impacto significativo en el bienestar financiero y de salud a largo plazo.

Redes de prestadores de servicios médicos

Una red de prestadores de servicios médicos es una organización de proveedores de atención médica que han llegado a un acuerdo con las compañías de seguros de salud para proporcionar servicios a los pacientes que están inscritos en su plan. Pueden ser hospitales, clínicas, médicos de atención primaria, especialistas u otros.

Su importancia radica en que pueden ofrecer atención médica de calidad a un costo razonable. La negociación entre las compañías de seguros y los proveedores permite que los pacientes tengan acceso a servicios de salud que de otra manera podrían resultar prohibitivos, y que elijan entre una amplia selección de proveedores.

Al escoger una red hay que considerar las necesidades individuales del paciente. Cada una tiene sus propias características y restricciones, que pueden afectar la cobertura y el costo de los servicios médicos. Algunos factores importantes a tomar en cuenta:

1. *Red de proveedores.* Es importante verificar si los médicos, hospitales y clínicas que se desea emplear están dentro de la red; de lo contrario, puede suponer costos más altos y menor cobertura.
2. *Costo de la prima.* Es necesario comparar los costos de las primas de diferentes redes antes de tomar una decisión.
3. *Deducibles y copagos.* El deducible es la cantidad que un paciente debe pagar antes de que el seguro de salud comience a cubrir los costos. El copago es la cantidad que el paciente debe pagar en cada visita al médico.

Es importante conocerlos para poder planear el presupuesto.

4. *Cobertura de medicamentos.* Si se necesitan medicamentos con regularidad, hay que verificar que estén cubiertos por el seguro de salud.

5. *Cobertura de servicios adicionales.* Algunos seguros ofrecen cobertura para atención dental, oftalmológica, psicológica y otros servicios adicionales; hay que verificar si están incluidos.

Una elección adecuada de red de proveedores puede garantizar una buena atención médica y reducir el riesgo de quedar desprotegido cuando más se necesite.

Entre las redes de prestadores de servicios médicos en Estados Unidos más comunes están:

1. *Preferred Provider Organization.* Las PPO son redes de proveedores de atención médica que han acordado ofrecer servicios a los pacientes inscritos en un plan de seguro de salud. Los pacientes pueden elegir entre los proveedores de la red y también recibir atención fuera de la red, aunque puede haber un costo adicional.

2. *Health Maintenance Organization.* Las HMO también son redes de proveedores de atención médica para gente inscrita en un plan de seguro de salud. Aquí los pacientes deben elegir un médico de atención primaria dentro de la red de proveedores, quien se encarga de coordinar su atención médica.

3. *Exclusive Provider Organization.* Similares a las PPO, pero con una red más limitada de proveedores. Los pacientes

deben recibir atención dentro de la red para obtener una cobertura completa.
4. *Point of Service.* Los planes de POS son una combinación de PPO y HMO: los pacientes eligen un médico de atención primaria dentro de la red de proveedores, pero pueden recibir atención fuera de la red con un costo adicional.

¿Qué pasa si no se pagan las facturas médicas?

No pagar facturas por atención o insumos médicos en Estados Unidos puede acarrear consecuencias financieras negativas; por ejemplo, las compañías médicas o las agencias de cobro pueden reportar a un individuo a las agencias de crédito, intentar cobrar la deuda, embargar salarios o tus bienes o incluso demandar para recuperar la deuda.

Es importante trabajar con las compañías médicas y las agencias de cobro para resolver cualquier deuda pendiente de pago de manera responsable y eficiente, antes de que sean reportadas a las agencias de crédito o se inicie un proceso legal. Algunas compañías médicas ofrecen opciones de pago a plazos y otros programas de asistencia financiera.

Eso sí, el gobierno de Estados Unidos no puede quitar la residencia o negar la renovación debido a facturas pendientes de pago. La residencia en los Estados Unidos se determina por el estatus migratorio, que está separado de la situación financiera.

Eso no quiere decir que esos pagos pendientes no puedan afectar negativamente tu crédito y a la larga llevar a problemas financieros, como el cobro de deudas y el embargo de salarios o bienes.

Seguro de salud internacional

Los seguros de salud internacionales brindan cobertura médica a personas que viajan o viven fuera de su país de residencia permanente. Son especialmente importantes para los emprendedores o inversores que residen en el extranjero, frecuentemente viajan a otros países o tienen equipos de trabajo internacionales.

Se pueden contratar por un tiempo determinado y respaldan en una amplia variedad de situaciones, como emergencias médicas y hospitalizaciones. Cubren, en términos generales, todos los gastos relacionados con una enfermedad o accidente: honorarios médicos y gastos hospitalarios, medicamentos, análisis de laboratorio, gabinete o imagenología, gastos por terapias, aparatos ortopédicos, prótesis, renta de equipo de hospital, uso de ambulancia terrestre o área, análisis de laboratorios, gabinete o imagenología y todo lo que se requiera para que el asegurado recupere la salud. También pueden incluir opciones adicionales, como asistencia en viajes y repatriación médica.

Su funcionamiento depende de la compañía con la que se contrate. Algunos seguros pueden requerir que los asegurados paguen por adelantado por los servicios médicos y luego presenten una reclamación a la compañía de seguros para obtener un reembolso. Otros seguros funcionan de manera similar a un seguro de salud tradicional y pagan directamente a los proveedores de atención médica en el extranjero. Esto también va en función del tiempo de hospitalización que tenga un asegurado; en muchos casos, sobre todo si se trata de un hospital con el que la aseguradora tiene un convenio previo, puede proceder un pago directo de esta a aquel.

Es posible que haya limitaciones en la cobertura, como una cantidad máxima de gastos o exenciones por afecciones preexistentes. Antes de contratarlo es importante leer los términos y condiciones para asegurarse de que brinda la cobertura adecuada y se ajusta a las necesidades. Comparar diferentes opciones para encontrar el mejor plan de acuerdo con las necesidades y presupuesto es de suma importancia, como lo es consultar siempre con un asesor o agente de seguros.

Los seguros de salud internacionales son una gran solución de blindaje patrimonial ante una enfermedad o un accidente que pueda poner en riesgo no solo la salud, sino el patrimonio familiar. Son el instrumento más adecuado para tener acceso a atención médica de primer nivel, porque además es probable que un migrante siga visitando su país de origen. Este seguro brindará protección en Estados Unidos, en el país de origen y en viajes alrededor del mundo.

Recomendaciones básicas para vivir asegurado y tranquilo

- Investigar y comparar diferentes planes de seguro de salud y elegir el que más se adapte a las necesidades y presupuesto.
- Conocer los derechos y responsabilidades como asegurado, que se detallan en el plan de seguro de salud.
- Mantener al día los pagos de primas, para que no falte cobertura cuando se necesite.
- Usar los servicios de salud de manera responsable, conocer opciones de atención médica y aprovechar al máximo los beneficios.
- Mantener actualizada la información personal y médica con la aseguradora.
- Si hay dudas sobre un plan o se necesita ayuda para entender opciones, habrá que buscar asesoramiento profesional.

Capítulo 5

Educación

Ana Karina García Ramentol y Ana Cecilia García Ramentol,
GR Academic Exchange Programs

Estudiar en Estados Unidos es una ambición para gente de todo el globo. Muchas familias latinoamericanas lo escogen como su destino académico en el extranjero, pues cuenta con el sistema de educación superior mejor calificado y con universidades de renombre internacional. Además, el país ofrece excelente calidad de vida, seguridad y oportunidades laborales y de inversión para múltiples sectores e industrias. Muchas familias latinoamericanas se deciden por la visa de estudiante como puerta de ingreso y como la vía más certera para emigrar a Estados Unidos.

En este capítulo se ayuda a entender el sistema educativo estadounidense, su clasificación, los programas que se ofrecen, los tipos de instituciones que lo componen, además de información sobre las solicitudes de ingreso a la universidad, los requisitos, las becas y el visado. Buscamos responder a preguntas que frecuentemente se hacen los estudiantes cuando planean sus estudios en el extranjero: ¿por dónde empezar?, ¿será una institución de calidad?, ¿será este el mejor programa para mí?, ¿y si pudiera conseguir una beca?, ¿lograré que aprueben mi visa?, ¿debo hacer la solicitud desde mi ciudad de residencia?, ¿cuáles son los requisitos?, ¿podré trabajar además de estudiar?, ¿con cuánto dinero debo contar?...

ESTRUCTURA DE LA EDUCACIÓN ESTADOUNIDENSE

Educación temprana

Los estudiantes asisten a la escuela primaria y secundaria por un total combinado de 12 años (K-K12), que inician al ingresar en kindergarten cuando tienen cinco años cumplidos. Antes de este periodo, madres y padres optan por las *nurseries*: guarderías o jardín infantil para niños desde los tres meses hasta los cuatro años. Los pequeños se agrupan según su edad y las instituciones deben regirse por las leyes del condado al que pertenecen.

Etapa escolar

Estados Unidos ofrece programas en exclusivos colegios públicos y privados que se caracterizan por su excelencia académica y por velar que sus estudiantes sean exitosos en lo académico, lo personal y lo social. Los alumnos pueden seleccionar las actividades y deportes en los que desean participar, siempre y cuando cumplan con los créditos requeridos para pasar de nivel. El país ofrece un extenso portafolio de instituciones que incluyen la opción de un enfoque personalizado en escuelas internacionales o privadas e internados. Las instituciones apoyan a los estudiantes para que logren más de lo que creían posible, a través de un compromiso compartido con el aprendizaje personalizado, oportunidades globales únicas, instalaciones extraordinarias, tecnología de vanguardia y asociaciones con organizaciones líderes mundiales en música, deportes, liderazgo, etcétera.

Es importante conocer las diferentes instituciones en las que se puede matricular a los hijos. Es aconsejable iniciar con una evaluación vocacional para conocer detalladamente su personalidad, habilidades y destrezas, para elegir una institución en la que alcance su máximo potencial.

Al cumplir los cinco años ingresan en el sistema de educación oficial (K-K12), que se detalla a continuación.

- *Kindergarten.* Aquí (K) comienza la educación formal, pero no obligatoria.
- *Elementary.* Alrededor de los seis años, los niños comienzan la primaria, que tiene una duración de seis años (K1-K6).
- *High school.* Son los seis años de escuela secundaria para obtener un High School Diploma. Se subdividen así:
  - *Junior high school:* tres años (K7-K9)
  - *Senior high school:* tres años (*Sophomore, Junior & Senior,* K10-K12)

Higher education

En Estados Unidos las clases van desde grandes conferencias hasta clases más pequeñas y seminarios (clases de discusión). En todas estas modalidades los profesores suelen asignar libros de texto y lecturas para evaluar a los estudiantes. Mediante evaluaciones continuas, exámenes a mitad del periodo y un examen final, califican a todo estudiante inscrito en el curso.

Las instituciones de educación superior ofrecen oportunidades incomparables para la creatividad, la flexibilidad y el intercambio cultural. Estudiantes provenientes de todo el mundo son parte sustancial de la comunidad universitaria. Estados Unidos, con sus más de 4000 universidades y escuelas superiores, tiene uno de los mejores sistemas de educación superior del mundo. Sus universidades son líderes en dinamismo, calidad y diversidad en áreas como negocios, ingeniería, ciencias, educación y artes.

CALENDARIO ACADÉMICO Y SISTEMA DE CALIFICACIONES

En todos los niveles de estudio las escuelas se rigen por un calendario académico, que generalmente comienza en el periodo de *Fall* (agosto o septiembre) y continúa hasta mayo o junio. Es recomendable que los estudiantes comiencen sus estudios en esa época, ya que si entran en enero (*Winter*) o mayo (*Summer*), las clases ya tendrán tiempo de haber empezado.

En muchas escuelas el año académico se divide de alguna de las siguientes formas:

- Dos periodos: Fall & Winter
- Tres periodos: Fall, Summer & Winter
- Cuatro periodos: Fall, Summer A, Summer B, Winter

Y el sistema de calificaciones se clasifica así:

- *Grade Point Average (GPA).* Promedio de calificaciones
- *Calificación.* Con base en porcentajes convertidos en letras (A-F)

- *Créditos.* Cursos medidos en horas de clase (3 créditos / curso)
- *Programa académico.* Tiempo completo (4 cursos = 12 créditos)
- *Transferencia de créditos.* La mayoría de los créditos obtenidos pueden usarse para:
  - Cambiar de programa
  - Transferirse a otra universidad dentro de Estados Unidos
  - Pasar del programa Asociado a Licenciatura 2+2
  - Los estudiantes internacionales pueden transferir créditos cursados en su país de residencia (se requiere realizar Evaluación Certificada de Créditos)

ETAPAS DE LA EDUCACIÓN SUPERIOR

Detallar cada una de las etapas por las que debe pasar un estudiante académico en la etapa de *higher education* servirá para entender la secuencia de estudios y las equivalencias.

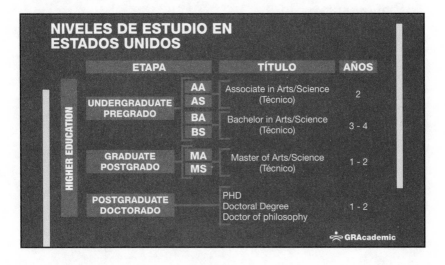

Undergraduate studies (pregrado)

Duración: 2-4 años

Título obtenido: Associate in Arts (AA), Associate in Science (AS) o Bachelor

Ejemplos más comunes: licenciatura de Letras (Bachelor of Arts o BA), licenciatura de Ciencias (Bachelor of Science o BS), licenciatura en Bellas Artes (Bachelor of Fine Arts o BFA), licenciatura en Trabajo Social (Bachelor of Social Work o BSW), licenciatura en Ingeniería (Bachelor of Engineering o BEng.), licenciatura en Magisterio (Bachelor of Education o BEd) o licenciatura en Filosofía (Bachelor of Philosophy o BPhil).

- *Asociado.* Comienza con el primer nivel, que se logra en dos años al obtener un certificado o asociado (AA o AS). Se estudia en un *college* o *community college.*
- *Bachelor.* Se necesitan cuatro años para obtener una licenciatura (*bachelor*) y se puede cursar en un *college* de cuatro años o universidad.

Luego del *bachelor*, el estudiante puede:

1. Insertarse en el mundo laboral
2. Avanzar en su carrera y especializarse
3. Ingresar a ciertas profesiones especializadas (Medicina, Teología, Leyes, Odontología, Ingeniería, Veterinaria, etcétera.)

Graduate studies (posgrados)

Duración: 1-2 años

Título obtenido: Master Degree

Ejemplos más comunes: máster en Letras (Master of Arts o MA), máster en Ciencias (Master of Science o MS), máster en Gestión Empresarial (Master of Business Administration o MBA), máster en Educación (Master of Education o MEd), máster en Bellas Artes (Master of Fine Arts o MFA), máster en Trabajo Social (Master of Social Work o MSW), máster en Ingeniería (Master of Engineering o ME), máster en Derecho (Master of Laws o LLM) y máster en Administración Pública (Master of Public Administration o MPA).

Postgraduate (doctorados)

Duración: 1-2 años, aunque algunos pueden durar tres años o más

Título obtenido: PhD o Advanced Professional Degree

Los estudiantes pueden prepararse directamente para un doctorado sin necesidad de un título de maestría previo.

Ejemplos más comunes: doctor en Filosofía (Doctor of Philosophy o PhD), doctor en Letras (Doctor of Arts o DA), doctor en Educación (Doctor of Education o EdD), doctor en Teología (Doctor of Theology o DTh), doctor en Medicina (Doctor of Medicine o MD), doctor en Farmacia (Doctor of Pharmacy o PharmD), doctor en Fisioterapia (Doctor of Physical Therapy o DPT), doctor en Jurisprudencia (Doctor of Jurisprudence o DJur).

En los doctorados los estudiantes se dedican principalmente a la investigación y deben hacer una tesis o proyecto novedoso.

El estudiante internacional debe averiguar el equivalente en Estados Unidos del último nivel de educación que completó en su país de origen. Hay que prestar mucha atención a los requisitos de admisión de cada universidad y colegio, así como a los programas de grado individuales, que pueden tener requisitos diferentes a los de la universidad.

TIPOS DE INSTITUCIONES DE EDUCACIÓN SUPERIOR

Escuela Superior de Humanidades (Liberal Arts College)

Se enfocan en los estudios de grado en Artes Liberales y Ciencias. Los estudiantes se concentran en un campo concreto, a la vez que se familiarizan con una amplia variedad de materias académicas. La Enciclopedia Británica define las Artes Liberales como «un plan de estudios universitario cuyo objetivo es impartir conocimientos generales y desarrollar la capacidad intelectual general, en contraposición a un plan de estudios profesional, práctico o técnico».

Universidad privada

Reciben financiación privada mediante donaciones de exalumnos, becas de investigación y matrículas o colegiaturas. No están dirigidas por el gobierno, aunque muchas reciben fondos públicos, sobre todo en la forma de un régimen tributario favorable, préstamos, e incluso becas del gobierno para los estudiantes locales. Algunas son apreciadas por sus recursos tecnológicos, sus instalaciones de investigación y la pequeña cantidad de alumnos por clase. Tienden a ser más pequeñas que las universidades públicas (y en algunos casos elitistas), y su colegiatura suele ser más alta.

Universidad pública

A menudo denominadas universidades estatales (State University o State College), reciben financiación del gobierno estatal o del federal. Además de los requisitos de admisión estatales, pueden tener otros específicos. A menudo cuentan con grandes departamentos que ofrecen numerosas titulaciones. Las universidades públicas o estatales suelen ser menos costosas que las instituciones privadas, además de ofrecer oportunidades educativas extraordinarias.

Community College

Las universidades comunitarias son universidades de dos años que otorgan títulos de asociado (transferibles) y certificaciones. Quienes se gradúan en ellas pueden transferirse a colegios o universidades de cuatro años para completar su título.

Instituto de tecnología

Escuelas que ofrecen al menos cuatro años de estudios en ciencia y tecnología. Algunas tienen programas de posgrado, mientras que otras ofrecen cursos de corta duración.

Plan de estudios 2+2: una alternativa viable

Hay buenas razones para estudiar dos años en un *Community College* para obtener título de transferencia (AA) y luego transferirse a una universidad o colegio de cuatro años:

- *Economía.* El costo de la matrícula es mucho más razonable que en universidades con titulaciones de cuatro años.
- *Flexibilidad de ingreso.* El promedio de calificaciones y otros requisitos de admisión son más bajos que en la mayoría de las universidades con titulaciones de cuatro años y algunos *colleges* tienen admisión abierta, con el único requisito de haber culminado la educación secundaria.
- *Flexibilidad al culminar.* Cuando el estudiante cursa un programa técnico de dos años puede recibir una certificación al culminar (Associate in Arts o Associate in Science), con la que puede empezar a trabajar o bien seguir estudiando para obtener una licenciatura (Bachelor).
- *Flexibilidad de transferencia.* Muchos programas académicos, tanto en *colleges* como en universidades, comparten el plan de estudios en los dos primeros años de estudios superiores, compatibilidad que facilita las transferencias de unos a otras.
- *Mejorar el perfil académico.* El promedio que exigen las universidades a los candidatos para trasladarse desde un *college* suele ser más bajo que el que piden a los recién egresados de la *high school,* de tal manera que representa, para quienes tuvieron bajas calificaciones en la secundaria, una segunda oportunidad de ser admitidos a una universidad.

EL PROCESO DE ADMISIÓN

El proceso de admisión a una universidad o un *college* es complejo e intimidante, pero con la información adecuada o la ayuda de especialistas se puede lograr exitosamente la admisión a la institución educativa que se desea. A continuación se explican las partes más importantes del proceso de forma clara y esquemática.

Requisitos generales de admisión universitaria

1. Pasaporte vigente
2. Estado de cuenta (extracto bancario), preferiblemente en dólares estadounidenses (puede ser del estudiante o del responsable financiero, junto con su pasaporte)
3. Notas y título (original y traducido)
4. Cartas de recomendación (de profesores, directores, empleadores, etcétera)
5. Demostrar un nivel avanzado del idioma inglés (TOEFL, IELTS)
6. Presentar un currículo académico
7. Presentar un ensayo de admisión universitaria
8. Exámenes estandarizados opcionales (ACT, SAT, etc.)
9. Algunos programas requieren exámenes específicos:
   - El examen LSAT para la escuela de Derecho
   - Los exámenes GRE o GMAT para la escuela de Negocios
   - El examen MCAT para la escuela de Medicina

Diez condiciones para ingresar a un programa universitario en el extranjero

Estudiar una carrera en el exterior abre muchas puertas profesionales y es una experiencia maravillosa que cambia positivamente el destino de los estudiantes, pero también es cierto que definir cuál es el programa ideal no es tarea fácil, mucho menos ser admitido. Es fundamental elegir adecuadamente la carrera, el programa, la institución y el tipo de estadía. Antes de llenar su solicitud, el estudiante deberá prepararse, informarse y tal vez buscar apoyo de sus padres y especialistas. Centrarse en los siguientes 10 factores son los más determinantes para lograr la admisión en una universidad estadounidense:

1. *Orientación vocacional.* Escoger la carrera adecuada.
2. *Currículo académico.* ¿Qué experiencias mejorarán el expediente?
3. *Ensayos.* ¿Cómo escribir un ensayo de admisión sobresaliente?
4. *Evaluar el destino.* ¿Cómo escoger el mejor destino de acuerdo con el perfil del candidato?
5. *Listado de instituciones.* ¿*College* o universidad? ¿Pública o privada? ¿Tradicional o especializada?
6. *Selección del programa.* ¿Asociado o *bachelor*? ¿Carrera STEM o carrera STEAM?
7. *Inscripción.* ¿Cómo completar el expediente y hacer una sólida solicitud?
8. *Solicitud de becas.* ¿Qué tipos de becas hay y cuáles son los requisitos para obtenerlas?

9. *Organización de las finanzas.* ¿Cómo demostrar soporte financiero propio o con patrocinio?
10. *Coordinación del visado.* ¿Cuáles son los requisitos? ¿Cómo solicitar cita? ¿Cómo prepararse para la entrevista?

Una vez admitido, el estudiante deberá tomar en cuenta lo siguiente:

11. Follow-up *de la aplicación.*
12. *Seguro médico.*
13. *Alojamiento, traslados y boleto aéreo.*
14. *Consideraciones antes de viajar.*
15. *Qué hacer al llegar al destino.*

Soporte financiero para estudiantes internacionales

Para realizar un viaje académico no pueden pasarse por alto las finanzas. En el proceso de aplicación universitaria o para el visado hay que demostrar suficiencia financiera. Puede hacerse con un estado de cuenta emitido por el banco, de preferencia de una cuenta en la moneda del país destino, aunque las escuelas aceptan estados de cuenta en cualquier moneda, siempre y cuando se haga la conversión a la tasa oficial del día en la que se envía el estado de cuenta a la institución.

Si el estudiante es mayor de edad, lo ideal es que pueda demostrar una estabilidad financiera suficiente para cubrir con los gastos del programa y el viaje. Si es menor de edad puede utilizar el estado de cuenta de familiares directos. Aunque no es lo más recomendable, también es posible mostrar un estado de cuenta de otro pariente o amigo cercano. Una empresa puede ser el patrocinador de un estudiante, si su presidente firma una carta de *sponsor* donde se exponga la razón de su patrocinio.

Becas para estudiantes locales y extranjeros

La educación en Estados Unidos tiene un costo promedio anual de 35 000 dólares. Claro que hay programas más económicos y otros más exclusivos y elitistas y por ende más costosos.

Cada año cientos de alumnos estadounidenses o de otras partes del mundo estudian en Estados Unidos con el apoyo de una beca que cubre una parte de la colegiatura o de los gastos de vivienda; sin embargo, cada año cientos de becas se pierden porque los alumnos no las solicitan. A continuación, los tipos de becas más comunes:

- *Becas estatales o federales* (solo para estudiantes locales):
  - Loans (préstamos que dependen del respaldo financiero del solicitante)
  - Grants (ayudas puntuales por montos que ya han sido decretados)
  - Federal Tax Credits (FAFSA)
  - Work & Study (dinero adicional por estudiar y trabajar)

- *Becas institucionales o privadas.* Las institucionales son ayudas o becas provenientes de las universidades y las privadas son ayudas o becas provenientes de personas, instituciones privadas o fundaciones sin fines de lucro. En ambos casos se pueden solicitar por estudiantes internacionales. Pueden ser:

- Becas académicas (el porcentaje de beca depende del promedio académico)
- Becas deportivas (para deportistas de alto nivel)
- Becas de liderazgo (para alumnos sobresalientes en alguna área concreta)
- Becas por circunstancias específicas (para quienes cumplen ciertos requisitos definidos por el comité evaluador)
- Becas de agencia (manejadas por agencias de reclutamiento para aumentar la diversidad y la multiculturalidad dentro del campus universitario)

Requisitos generales para solicitar una beca

- *Diploma y notas.* Haber culminado los estudios de bachillerato en el país de origen, preferiblemente sin repetir ningún curso. Para becas en universidades de la Ivy League se pide un perfil académico sobresaliente.
- *Exámenes.* Se puede pedir haber obtenido altos puntajes en los exámenes de admisión a las universidades.
- *Suficiencia del idioma.* Los estudiantes internacionales deben demostrar dominio del idioma inglés a través de un TOEFL u otras certificaciones.
- *Ensayo.* Redactar un ensayo de alto impacto.
- *Currículo académico.* Demostrar perfil académico, actividades extracurriculares, intereses específicos, horas de servicio comunitario, premios y distinciones.

Consejos para solicitar una beca

- Hacer un listado de los requisitos que posee el aplicante y otro de los que faltan.
- Crear un usuario en los diferentes portales de búsqueda.
- Mantener un récord de respuestas obtenidas y hacer seguimiento a cualquier otro requisito adicional de cada beca.
- No perder las fechas límite de solicitud de ingreso y de postulación a la beca.
- Buscar a asesores expertos en caso de necesitar información adicional.

Capítulo 6

Duelo migratorio

Mónica Gómiz, Visa Solutions

Desde 1970 la migración de América Latina a Estados Unidos es una tendencia muy extendida, tal como confirman los datos de la Oficina del Censo. Con el deseo de mejorar su vida en lo tocante a educación, seguridad, salud y prosperidad, muchas personas optan por atravesar fronteras para construir una nueva vida en Estados Unidos.

A lo largo de más de 20 años de carrera profesional he vivido en cinco países. Como coach consciente global, he ayudado a muchas personas hispanohablantes a superar las dificultades que trae consigo la migración. En este capítulo explicaré lo que he aprendido a lo largo de mi experiencia personal y profesional en el proceso de migración de Latinoamérica a Estados Unidos, con el fin de proporcionar claridad sobre lo que se puede esperar como migrante antes, durante y después de la mudanza. Hablaré sobre el proceso complejo de la migración, las preocupaciones, miedos e incertidumbres que pueden surgir, la motivación y objetivos, y la pregunta clave: ¿quién hay que llegar a ser para conseguir lo que quieres? También hablaré sobre el choque cultural, sus etapas, las diferencias culturales entre Estados Unidos y América Latina, la reestructuración de la familia y la crianza de niños biculturales. Por último, ofreceré algunos consejos y reflexiones importantes para quienes estén en el proceso de migración a Estados Unidos.

EL COMPLEJO PROCESO DE MIGRAR

El proceso de migración es complejo y afecta a las personas de diferentes maneras dependiendo de su personalidad, cultura, religión y experiencias previas. No es una decisión que se tome de manera impulsiva, sino que requiere tiempo para reflexionar sobre los pros y contras de empezar una nueva vida en otro país. Emigrar implica, entre otras tareas, aprender cómo funcionan las leyes, la burocracia, el sistema escolar, el médico, los impuestos, además de preparar una mudanza, ajustarse a nuevas rutinas y otra cocina.

La mudanza supone una serie de cambios, no solo en lo práctico y cotidiano, sino también en lo emocional y psicológico. Es importante adoptar un enfoque holístico, porque no ser conscientes de lo que sucede en nuestro interior puede generar ansiedad, miedo o preocupaciones, lo que a su vez puede afectar las relaciones con los demás.

Con todos los cambios de la migración se experimenta una amplia gama de emociones y sentimientos al mismo tiempo. Se puede sentir curiosidad por vivir en un nuevo país, anhelar una mejor calidad de vida y estar ansioso por aprender el idioma o llegar a dominarlo, y al mismo tiempo tener miedo a la incertidumbre, a no tener el apoyo de la familia y los amigos, a no tener una vida social activa y no contar con servicio doméstico. También se puede sentir culpa o tristeza por dejar a los padres, amigos o colegas de trabajo.

Esto es lo que se denomina duelo migratorio, que es como despedirse de la vida anterior. Dejar a personas, alimentos o rutinas familiares puede provocar un gran impacto, ya que la familiaridad nos proporciona seguridad y protección. Mucha gente pasa por ese proceso emocional al dejar su país de origen para comenzar una nueva vida en otro lugar. Los sentimientos y emociones que trae consigo pueden ser muy intensos y durar un tiempo variable, dependiendo de cada persona y de las circunstancias en las que se haya producido la migración.

Mucha gente que siente nostalgia por las personas, lugares y cosas que dejó atrás también puede experimentar una sensación de pérdida de identidad por creer que al dejar su país y su cultura está abandonando una parte de sí misma. Es normal sentir tristeza, ansiedad, miedo e incertidumbre durante este proceso, pero es importante permitirse tener estas emociones y buscar apoyo de amigos, familiares y profesionales si es necesario. Unos ejemplos de comportamiento extremo por los que quizá se requeriría ayuda profesional son el aislamiento, cambios bruscos de peso, falta de apetito, adicciones y periodos de tristeza profunda.

Al llegar al nuevo lugar de residencia es vital comenzar a construir nuevas relaciones y crear una red de apoyo. A veces cuesta para pedir ayuda, pero hay que cambiar esa mentalidad si se quiere crear una vida saludable y agradable.

Motivación y objetivo

Es importante trazar un plan para alcanzar un objetivo, pero antes hay que tener claridad. Cuando uno tiene claro por qué y para qué quiere migrar, es mucho más fácil sobrellevar los posibles obstáculos con actitud positiva.

Hay dos tipos de motivación: intrínseca y extrínseca. Hay motivación intrínseca cuando se encuentra la satisfacción dentro de uno mismo. Ejemplos de motivadores intrínsecos son la curiosidad o la aceptación de un nuevo aliciente. Hay motivación extrínseca cuando se actúa para evitar algo externo negativo o se buscan recompensas.

Alguien puede decidir migrar por una gran variedad de razones: buscar mayores oportunidades laborales o educativas, o una mejor calidad de vida; huir de la violencia, el crimen, la persecución política o la falta de libertades en el país de origen... Es importante tener en cuenta cuál es la motivación detrás de la decisión de migrar, ya que puede afectar la manera de enfrentarse a los obstáculos que surjan durante el proceso.

Muchas personas dicen que su motivación es una visa, o un negocio o inversión en dólares, pero en realidad ese no es el objetivo final, sino un medio para conseguir lo que se anhela. Hay que preguntarse cuál es la motivación real; ¿es intrínseca o extrínseca? ¿Y qué se quiere evitar y qué se quiere alcanzar?

¿Quién hay que llegar a ser para conseguir lo que quieres?

La personalidad va a ir cambiando a lo largo de la migración, y cuanto más tiempo se pase en Estados Unidos, es posible que se empiece a ver el mundo y a uno mismo de otra manera, sobre todo si se está adaptando bien.

Las personas resilientes suelen tener una migración exitosa. La resiliencia consiste en la capacidad de la persona, de los grupos familiares o de las comunidades para hacer frente a las adversidades o dificultades personales, sociales y laborales con que se encuentran. Este perfil también es flexible, empático y tolerante; no suele juzgar a los demás. Cuando uno puede ver las cosas de otra manera, acepta que su manera de ver la vida y el mundo no es la única posible. ¿Cuántas maneras hay de atarse los zapatos? ¿Cuántas de cocinar el mismo plato? Cada cultura, cada familia, cada comunidad, cada persona tiene una manera de percibir, de hacer las cosas, y aunque sea tradicional o un hábito, no significa que sea la única manera correcta. Cada quien ha estado marcado por varias circunstancias y experiencias en la vida; sumemos a esto las creencias, valores y tradiciones de su país de origen. ¡Imposible que todos veamos la vida con los mimos ojos!

Para integrarse bien en la cultura es necesario tener curiosidad, ganas de aprender cosas nuevas, de desarrollar nuevas destrezas para adaptarse mejor a una nueva vida. Para eso es necesario salir de la zona de confort. Se puede tomar esto como una invitación a cuestionar creencias. La mayor parte de las creencias de una persona han sido impuestas o absorbidas de manera automática por el simple hecho de nacer donde nació. Cuando crece sigue adoptando creencias que al llegar a la edad adulta pueden causar sufrimiento. La migración, al poner en contacto con otras creencias, da la oportunidad de hacer un inventario de las creencias que sirven, y las que no.

EL CHOQUE CULTURAL

La adaptación a una nueva cultura no ocurre de la noche a la mañana; puede tomar mucho tiempo y esfuerzo. El choque cultural es un proceso natural que puede tener un gran impacto en la vida de los inmigrantes.

¿Alguna vez has estado en un mundo completamente nuevo y desconocido? Eso es precisamente lo que puede suceder cuando se experimenta el choque cultural, al enfrentarse a una cultura diferente de aquella a la que se está acostumbrado. Esto puede ser confuso y difícil de manejar, pero es un proceso normal y hay maneras de superarlo.

Cada país tiene su propia cultura, con valores, normas, formas de comunicación, modismos y tradiciones únicas. Por ejemplo, un inmigrante de México que se muda a Estados Unidos puede encontrar dificultades para habituarse a las costumbres sociales de los estadounidenses, que son muy diferentes de las típicamente mexicanas.

El choque cultural puede ser una experiencia desconcertante e intensa, y no tiene nada de raro sentirse abrumado al principio. Sin embargo, con el tiempo y la paciencia, la mayoría de las personas llegan a comprender y aceptar su nueva cultura y a sentirse más cómodas en su entorno.

Este proceso puede dividirse en cuatro etapas (aunque, cabe mencionar, no todos las experimentan en este orden y algunos ni siquiera pasan por ellas):

- La negación, cuando uno no quiere aceptar que está viviendo en una cultura diferente. Puede que se aferre a su cultura anterior y le cueste trabajo adaptarse a las nuevas formas de vida.

- La depresión, que hace sentir tristeza, ansiedad o soledad. Es normal extrañar a la familia, los amigos y las costumbres del país de origen.
- La adaptación, en la que se empiezan a entender las nuevas formas de vida y a adaptarse a ellas. Se empieza a sentirse más cómodo con la nueva cultura y a entablar nuevas amistades.
- La aceptación, cuando ya se puede sentir como en casa en la nueva cultura y pueden verse y experimentarse los beneficios y oportunidades que ésta ofrece.

Cada persona vive el choque cultural de manera diferente y no hay una sola forma de enfrentarlo. Lo importante es ser paciente y no tener miedo de pedir ayuda si se necesita. Se puede hablar con otros inmigrantes, buscar grupos de apoyo o hablar con un terapeuta o coach si uno se siente abrumado.

No ser de aquí ni de allá

Si se está arraigado al país de origen, la familia y la cultura, cuando se decide migrar es posible sentir un despegue de algo a lo que se pertenece, como si todo eso fuera parte indisociable del ser. Si se deja pasar un tiempo de integración al país de acogida, entonces se puede sentir que no se es ni de uno ni de otro. Hay varios factores que lo acentúan, por ejemplo, si dejamos una propiedad en el país de origen o de si se va de visita a casa de los padres y familiares.

Si pasa el tiempo y no se regresa, es muy probable sentir que el hogar está en el país de acogida, ya no en el de origen. Esto es muy común, y la razón puede ser que ya no se es el mismo. Se ha acostumbrado a vivir de otra manera: se han aprendido cosas nuevas, a tomar otras decisiones, a valorar otras cosas, posiblemente hayan cambiado algunas creencias. En suma, el migrante ya se ha convertido en otra persona.

Diferencias entre la cultura estadounidense y la hispana o latina

Para comprender mejor el choque cultural que viven los hispanoablantes al llegar a Estados Unidos es necesario reconocer las diferencias culturales entre este país y América Latina.

Primero, la barrera del idioma. Aprender inglés es una necesidad para adaptarse a la vida en los Estados Unidos. Aunque muchos inmigrantes del sur tienen un conocimiento básico del inglés, puede ser difícil comunicarse de manera efectiva en situaciones más complejas, como en el trabajo o en contextos médicos.

Otra diferencia cultural importante es el papel de la religión en la sociedad. En general, América Latina es más religiosa que Estados Unidos. La religión es parte fundamental de la vida de muchos latinoamericanos, mientras que en Estados Unidos no tiene el mismo impacto en la vida diaria de la mayoría de la gente.

Las relaciones personales también pueden ser diferentes entre el norte y el sur. Por ejemplo, los hispanohablantes tienden a ser más comunicativos y expresivos que los angloparlantes. Los latinoamericanos, por lo general, establecen relaciones personales profundas, son más afectuosos y se involucran emocionalmente. Por el contrario, los estadounidenses tienden a ser más reservados y a necesitar más espacio personal.

El concepto de familia es muy distinto. En países de América Latina la familia es una parte central de la vida. A menudo las familias son grandes y muy unidas. Esto puede traer consigo una gran presión social para cumplir con las expectativas familiares y mantener la unidad. Por otro lado, en Estados Unidos, si bien la familia es importante, los individuos tienen más libertad para tomar decisiones personales y establecer su propia vida.

Tuve una clienta a la que su madre la llamaba en promedio 20 veces al día desde México. Trabajando el tema llegó a entender por qué le contestaba las 20 veces, cuando en realidad no quería, y aprendió a poner límites de una manera respetuosa con su madre y consigo misma.

La cultura del trabajo también difiere significativamente entre Estados Unidos y América Latina. Por ejemplo, un hispanohablante puede estar más acostumbrado a un trabajo de tiempo completo con horarios regulares, mientras que un angloparlante puede estar más acostumbrado a un trabajo por horas. Además, en Estados Unidos se valora mucho la puntualidad y la eficiencia en el trabajo.

A menudo la educación en la América hispana está más orientada a la práctica que en Estados Unidos. Los latinoamericanos pueden no estar acostumbrados a un enfoque de educación basado en la investigación y la escritura, así que pueden necesitar tiempo para adaptarse a las nuevas formas de aprendizaje y enseñanza.

Estar conscientes de estas diferencias generará más empatía y comprensión hacia las barreras a las que se enfrentan los inmigrantes en su proceso de adaptación a una cultura diferente.

Reestructuración familiar y crianza de niños biculturales

La adaptación a una nueva vida puede presentar otros obstáculos a los migrantes, como transformaciones en la dinámica familiar y la crianza de niños biculturales. La reestructuración de la familia no significa necesariamente una separación o divorcio, sino más bien un proceso de adaptación y cambios en las relaciones entre los integrantes. En el proceso puede haber integración de elementos de ambas culturas en la vida familiar, aprendizaje de nuevas habilidades y creación de nuevos hábitos de comunicación y convivencia.

Al mudarse a Estados Unidos, donde no es tan común contar con una trabajadora doméstica, las familias latinoamericanas de clase acomodada pueden enfrentarse a que les toca hacer a ellas todas esas tareas, lo que puede causar conflictos y tensiones. Es común que esas responsabilidades recaigan en la madre, quien a menudo deja de tener un trabajo remunerado y puede experimentar una crisis de identidad al depender económicamente del esposo y sentir que ha perdido la independencia y su carrera.

Para evitar situaciones extremas, es importante que la familia hable sobre los papeles de cada integrante y distribuya las tareas de manera equitativa. Además, las mujeres pueden beneficiarse de una nueva red de apoyo y adoptar una mentalidad abierta a la reinvención: pueden, por ejemplo, identificar sus intereses y pasatiempos y buscar oportunidades para monetizarlos o hacer un voluntariado.

Por otro lado, la crianza de niños biculturales puede tener bemoles para los padres migrantes. Los hijos van a crear su propia identidad influidos igualmente por la cultura estadounidense que beben de la escuela, los amigos y el nuevo entorno, y la de sus padres. Niñas y niños biculturales tienen la capacidad de percibir el mundo de diferentes maneras, lo que puede ser positivo, pero también puede traer consigo algunas dificultades. A medida que los niños crecen, es normal que se identifiquen más con la cultura estadounidense. Esto puede hacer que madres y padres sientan que pierden el control sobre sus hijos. Sin embargo, es importante que, conscientes de esto, permitan que sus hijos desarrollen su propia identidad y se inclinen por las tradiciones o creencias que prefieran, e incluso los apoyen en esa búsqueda personal. Esto no impide que los progenitores sigan siendo una influencia positiva en la vida de sus hijos.

Si se está criando niños biculturales, harán falta ciertos ajustes en las costumbres y forma de interactuar con ellos para asegurarse de que se sientan cómodos y seguros en su hogar. Por ejemplo, puede ser útil hablar con ellos sobre la identidad cultural y explorar ambos conjuntos de tradiciones y costumbres. También es importante escuchar preocupaciones y necesidades y asegurarse de que se sientan valorados y respetados.

La crianza consciente de niños biculturales supone proporcionarles un ambiente equilibrado que les permita explorar su herencia cultural de manera segura y positiva. Esto puede hacerse exponiéndolos a libros, música, arte y actividades que celebren las dos culturas. No hay una única forma correcta de criar a niños biculturales, y cada familia debe encontrar lo que funciona mejor para ella. Con paciencia, amor y respeto por la cultura de los hijos se logrará crear un hogar feliz y saludable para toda la familia.

El éxito en la migración no se puede medir. Lo más importante es que cada experiencia sea un aprendizaje para llegar al siguiente nivel. ¡Mucha suerte en el proceso!

Consejos para una migración exitosa

- La migración es una oportunidad de crecimiento y transformación para toda la familia.
- Conocerse a sí mismo y reinventarse: decidir quién se quiere ser y qué se quiere conseguir.
- Establecer objetivos realistas y concentrarse en vivir en el momento presente.
- Identificar qué personas, profesionales y recursos se necesitan para seguir adelante.
- Cuestionar las creencias y tener curiosidad por otras maneras de hacer las cosas.
- Crear una red de apoyo y aprender a pedir ayuda.
- Ser resiliente y aprender a adaptarse al cambio constante.
- Practicar una comunicación asertiva y establecer límites en las relaciones.
- Tomarse las cosas con humor.

LOS CLAROSCUROS DE SER MIGRANTE

Marcos Victorica, Best American Storage

Emigrar es una de las experiencias más intensas de una persona o de una familia. El primer paso comienza dentro de cada uno y la puerta de los cambios se abre de adentro para afuera. La primera pregunta que hay que hacerse es: *¿Por qué me quiero ir?* No hay respuestas correctas o incorrectas: lo importante es entender los verdaderos motivos, la disposición a mirar lo que hasta ahora nunca quisimos ver. Cualquier razón es válida; lo importante es ser consciente de que al otro lado de las fronteras no existen soluciones mágicas. Cuando los cimientos del cambio no están bien establecidos, la perseverancia y el valor que se necesitan para triunfar se hundirán ante la aparición de los primeros inconvenientes.

El mayor enemigo está en casa, mucho antes de subir al avión. Son esos amigos, parientes y allegados que, con la mayor cara de bondad, en un tono intimista te preguntan: «¿Estás seguro de lo que vas a hacer?», «¿Pensaste qué harás si te va mal?», «¿Qué vas a hacer los domingos sin los ravioles de la abuela?». Contesto: lejos de estar seguro, uno tiene un susto enorme y una ansiedad que lo carcome. Está claro que si pienso en la posibilidad del fracaso no llego hasta la puerta de salida de mi casa. Los ravioles de la abuela, el asado, el futbol, el tango son las lonjas del cuero propio que uno tiene que animarse a dejar en el pasado para construir su propia nueva historia. Cuanto menos le hundan el cuchillo en esa herida, tanto mejor.

Para encarar un cambio exitoso hay que cerrar los oídos a la palabra de los allegados, que, más que consejos, son anclas para evitar que levantemos vuelo. Los mediocres, por definición, se oponen a todo lo que ellos no pueden alcanzar. Suena fuerte, pero los más cercanos son los peores, porque se comparan y porque nos conocen bien. Frente a ellos tenemos pocas defensas.

Tras llegar a su nuevo país, los primeros días uno está aturdido, con mucha energía, la mochila cargada de ilusiones y la almohada desbordada de temores. Cada día trae consigo un personaje nuevo, desconocido, que jamás pensamos que se cruzaría en nuestra vida, y con él sus historias, opiniones, frustraciones, fantasías, ilusiones y desilusiones. Allí uno va cayendo en la cuenta de que nada es como creíamos: a veces puede ser peor o mejor, pero siempre distinto. Entonces el duende del éxito comienza a dibujar sus exigencias, los mandamientos irrenunciables del que quiere triunfar: apertura mental para asimilar lo diferente, humildad para incorporar la realidad en lugar de pelearse con ella y flexibilidad para adaptarse a lo nuevo.

Todo es cuestión de saber elegir cómo armar la mochila para el viaje, qué cosas llevar y cuáles dejar atrás. Podemos cargarla con las piedras del pasado, que, sea cual sea el destino, siempre estarán allí para cargarnos de remordimientos, culpa y viejos mandatos. Pero también podemos optar por mirar la nueva realidad con ojos frescos; esto nos otorga una ventaja enorme frente a quienes siempre vivieron allí, y se puede traducir en creatividad, nuevos paradigmas y éxito. La mochila tiene piedras, pero también talismanes; depende de nosotros.

Entre los efectos personales más preciados vienen escondidos los prejuicios; conviene mantenerlos a distancia. Una fantasía habitual es que aquí todas las normas son claras y se respetan al pie de la letra. No es así. La primera dificultad es aprender las leyes no escritas. Aquí el doble estándar es un deporte nacional; es clave desarrollar la habilidad para detectar dónde hay terreno firme y cuándo uno puede pisar un cable pelado. Por ejemplo, en las autopistas los carteles indican que la velocidad máxima con 55 millas por hora. Nadie la respeta, pero ni lo multan ni va preso. La pregunta que no tiene respuesta escrita es: ¿cuánto más rápido se puede ir sin que los muchachos de la *highway patrol* nos detengan? ¿Dónde está escrito que por ir a 65 millas en vez de 55 no pasa nada, pero estacionar en un espacio prohibido de un estacionamiento vacío en medio de un diluvio es una falta grave? En ningún lado. Y el poder de la policía en la calle es prácticamente ilimitado. Discutirle o ponerle la mala cara al agente, especialmente si uno es inmigrante, puede derivar en una visita a la comisaria o la cancelación de la visa.

Algunas de las cosas que al principio nos disgustan no son malas sino solo diferentes. Ver la realidad desde otro ángulo puede abrir oportunidades y negocios. Para aprovechar este privilegio hay que estar dispuesto a aprender; ser curioso y flexible. Lo más corrosivo para el inmigrante es suponer que en su nuevo país no hay nada que aprender. En realidad, el retrato hablado del inmigrante exitoso tiene ojos abiertos y orejas grandes.

América, como llaman los estadounidenses a su país, nació de la inmigración de perseguidos religiosos. En su ADN, en su Constitución y en su moneda está la invocación a Dios, pero uno que no pertenece ninguna religión. Un canto a la libertad que es al mismo tiempo un llamado a las conciencias inquietas. No hay vademécum único.

Aquí, con excepción de quebrantar la ley y evadir impuestos, cada quien puede hacer lo que quiera o vestir como prefiera. Si quiere usar los zapatos de sombrero, no solo nadie le dice nada, sino que ni siquiera lo voltean a ver. Esta suerte de autismo social tiene ventajas, pero también abre brechas por donde el frío de la soledad penetra en los huesos de las almas débiles.

«El dinero habla y el tiempo es dinero», dicen los estadounidenses. Llevarse bien con la vida diaria comienza por entender el significado práctico de estas palabras. El imperio del dinero como vara de medida social suena chocante a culturas como la hispanoamericana católica. Sin embargo, produce naciones prósperas. Este orden dista de ser perfecto, pero si uno eligió emigrar acá no es para decir que la bandera debería ser azul y verde, sino para aceptar que es roja, blanca y azul con estrellas blancas.

El respeto al dinero influye también en el uso del tiempo de las personas. Los salarios se miden por hora y nadie quiere malgastar su tiempo. La puntualidad es un corolario de esta mentalidad; llegar tarde es malgastar el tiempo ajeno y representa un atropello a sus derechos.

Quizá lo más beneficioso para el inmigrante sea el respeto por el éxito. Ganar dinero es visto como un indicador de esfuerzo y talento. Hay muchas dificultades y la competencia es fuerte, pero los caminos están abiertos para el que quiere avanzar. La envidia es muy mal vista.

Hasta la actividad más insignificante puede tener una consecuencia legal, una regulación escondida y ser objeto de un juicio. Todo se rige por manuales, está escrito y previsto. La cosa se complica cuando uno no es igual a la mayoría. Se ha perdido el contacto humano, todo está determinado por una máquina programada con base en una estadística que señala el comportamiento más frecuente en cada situación. Si ese monstruo y el genio que lo programó deciden, por ejemplo, que quien usa dinero en efectivo más de tres veces seguidas es un delincuente, se le bloquearán las cuentas. Y sí: quienes quieran integrarse a formas y costumbres distintas deben aprender a entender en vez de juzgar.

Estados Unidos es más receptivo que el viejo continente a valorar el éxito de los extranjeros. Se podrá decir que recibe a algunos inmigrantes de brazos abiertos porque le conviene. Como se dice, es un ganar-ganar: ganan ellos y ganamos nosotros.

Lo que más me dio la vida en este país no es dinero, aunque me ha ido mejor de lo esperado en ese aspecto, sino algo mucho más valioso. Tiempo libre de preocupaciones para pasar del ritmo epiléptico de la vida de las urgencias a comenzar a escuchar el murmullo sutil de mis deseos y el cuchicheo de la inspiración. El lenguaje del espíritu es tímido: solo se manifiesta ante los sonidos del silencio.

Quiero mencionar algo importantísimo. El éxito logrado se puede convertir en estatua de sal, como la mujer de Lot, si nos olvidamos de que para la familia la inmigración es una prueba enorme. Los menores se encuentran con que todo su mundo ha cambiado, no necesariamente para mejor. Para la mujer, la vida puede demandar un gran esfuerzo de adaptación. Puede ser que se encuentre aislada de sus afectos, sin interacciones laborales y en un medio social desconocido. Téngase esto muy en cuenta.

Antes de subir al avión no olviden incluir en la bitácora una edición del Calendario del Inmigrante. En apariencia es igual a cualquier otro, solo que cada año cuenta con 730 días. En otras palabras, todo lleva por lo menos el doble de tiempo de lo previsto. Verán que en la primera página hay dos palabras en relieve: *paciencia* y *perseverancia*.

PARTE II

Emigrar

Capítulo 7

Inmigración y visas

Francisco V. Vidal, Vidal Law Firm

Kevin Ackerman, The Ackerman Law Firm

José Mauricio Bello, Bello Business Firm

INTRODUCCIÓN

Vivir en Estados Unidos es el sueño de muchos. Estados Unidos es uno de los países que más inmigrantes reciben en el mundo. Se trata de una nación desarrollada que ha vendido la idea de que, dentro de sus fronteras, los sueños se hacen realidad. El llamado *sueño americano* ha acaparado el mundo entero y vivir ahí resulta cada vez más atractivo.

La mayoría de los inmigrantes salen de sus países buscando una mejor calidad de vida. En efecto, las condiciones económicas de este país norteamericano suelen ser favorables y atractivas para muchos comerciantes, debido a sus políticas de libre empresa. Se puede decir que Estados Unidos tiene una economía estable. Además, existe respeto por las instituciones públicas y los derechos de los individuos. La inmigración en este país se basa en los siguientes principios: la reunificación familiar, la admisión de inmigrantes con habilidades destacadas que son valiosas para su economía, la protección de los refugiados y la promoción de la diversidad.

Las visas para Estados Unidos son autorizaciones emitidas por el gobierno para permitir que ciudadanos extranjeros puedan entrar al país. Esta visa normalmente se coloca en el interior del pasaporte del solicitante y le autoriza a realizar ciertas actividades, como turismo, trabajo, estudio, creación artística, e investigación. Cada tipo de visa una tiene una fecha de vencimiento preestablecida y especifica las actividades que el visitante puede realizar dentro de los Estados Unidos. Un ejemplo es la tarjeta de residencia permanente o *green card*, con la que se puede vivir, trabajar, estudiar, entrar y salir legal y libremente de Estados Unidos. Hay otras opciones a las cuales se puede postular, en algunos casos por un número determinado de años, con posibilidad de renovación. Las visas disponibles para visitar los Estados Unidos se clasifican, a grandes rasgos, en visas de inmigrante y visas de no inmigrante, y estas dos categorías a su vez se dividen en diferentes tipos, como se verá más adelante.

MIGRAR A ESTADOS UNIDOS

Si una persona desea ingresar a Estados Unidos para permanecer ahí, tendrá que solicitar una *visa de inmigrante.* Para hacerlo sin sobresaltos y de manera planificada, al pedir la visa es necesario contar con la documentación siguiente:

- Títulos y diplomas académicos
- Currículo para migrar
- Cartas de referencia laboral
- Certificado policial
- Demostración de solvencia financiera

- Fotografías
- Formulario de solicitud de visa
- Documentación para grupos familiares
- Examen médico
- Traducción de documentos
- Costos por procesamiento

Antes de comenzar un trámite de visa de inmigrante es importante asesorarse con profesionales que ayuden y orienten en este proceso, como los abogados de inmigración. Ellos sabrán exactamente qué formularios se deben enviar, cómo y cuándo, dependiendo del tipo de visa a solicitar. También sabrán cuál es el mejor argumento legal para presentar un caso o una petición de visado. Muchos abogados hacen una primera consulta de forma gratuita, y cualquier persona puede agendar citas con abogados distintos para saber con cuál se siente más cómodo.

Una vez que se contrate un abogado, él explicará la ley migratoria y ayudará a presentar un caso migratorio, siempre y cuando se le proporcionen los documentos y la información necesaria para sustentar la petición. Entregar documentos en las fechas solicitadas es muy importante en los casos de inmigración. No cumplir con estos puede ser motivo de que se rechace la aplicación.

Vivir en Estados Unidos...

- Estados Unidos es un país conformado por 50 estados y su territorio es muy amplio. Cada persona puede escoger el estado donde quiere vivir según sus gustos y posibilidades económicas.

- Es el país que alberga más inmigrantes en el mundo. Por ende, se tiene contacto con muchas culturas y tradiciones distintas.
- Se respetan la libre empresa y las libertades civiles, políticas y económicas.
- El idioma español está presente en los principales estados y ciudades del país. Ser bilingüe (dominar inglés y español) se considera una gran ventaja a la hora de competir en el mercado laboral.

Sin embargo...

- Pagar impuestos es obligatorio, incluso para los residentes o trabajadores temporales.
- El nivel de competencia en el ámbito laboral es cada vez más elevado, lo que dificulta el acceso a determinados puestos de trabajo.
- Las exigencias para entrar al país son cada vez más estrictas.

Migrar de un país a otro requiere una seria planificación. Seguir las recomendaciones de profesionales especializados evitará dolores de cabeza y ahorrará tiempo y dinero. Algunos consejos:

- La solicitud de inmigración debe tramitarse únicamente ante las instancias correspondientes (embajadas o consulados). Aunque hay firmas legales que facilitan los trámites consulares y proporcionan un manejo especializado de las gestiones, el interesado debe realizar personalmente cada uno de los pasos del proceso de salida.

- Es conveniente preparar la documentación básica con suficiente tiempo, al menos seis meses antes de solicitar la visa. La tramitación de algunos papeles puede tardar semanas e incluso meses.

- Se recomienda manejar la información sobre los avances del proceso con prudencia y discreción, ya que no hay garantía de aprobación, y obtener la respuesta definitiva puede tomar meses, o incluso años. Debe evitarse tomar decisiones apresuradas. Por ejemplo, hasta no recibir la aprobación de la visa correspondiente, no se debe renunciar al trabajo, ni vender o repartir bienes.

- El aspirante a migrar debe estar informando y actualizado sobre el país de destino a lo largo de todo el proceso. Mientras más datos útiles se obtengan acerca del lugar donde planea vivir, más probabilidades habrá de lograr una integración efectiva.

- Resulta muy provechoso seguir estudiando el idioma durante la espera de aprobación de una visa. El manejo del inglés es clave para la integración y la búsqueda de empleo, incluso en ciudades donde hay muchos hispanohablantes.

- Durante los meses de espera de la aprobación de la visa, una buena ocupación para el futuro inmigrante es establecer contacto con otros que ya hayan vivido la experiencia y estén afincados en Estados Unidos, o incluso con posibles empleadores.

Beneficios de ser residente permanente

- Poder radicar en cualquier lugar de Estados Unidos, siempre y cuando no se cometa ninguna acción que amerite ser deportado según la ley de inmigración.
- Trabajar legalmente en Estados Unidos.
- Poder solicitar convertirse en ciudadano estadounidense cuando se tengan los requerimientos necesarios.
- Poder solicitar una residencia permanente para el cónyuge y los hijos solteros o menores de 21 años.
- Obtener beneficios públicos, como el seguro social, el ingreso de seguridad suplementario y Medicare.
- Poder salir y regresar a Estados Unidos bajo ciertas condiciones.
- Poder unirse a ciertas ramas de las Fuerzas Armadas de Estados Unidos.
- Poder votar en algunas elecciones locales (no federales) donde no se requiera la ciudadanía estadounidense.
- Estar protegido por todas las leyes de Estados Unidos, su estado de residencia y las jurisdicciones locales.

Las solicitudes de visas son procesadas y aprobadas por el Servicio de Ciudadanía e Inmigración de Estados Unidos (USCIS, por sus siglas en inglés). El resultado de la solicitud de visa depende de la condición y los objetivos de quien lo solicita; cada situación conlleva sus propios requisitos, formularios y documentos. Las situaciones más comunes son:

- Reunificación familiar
- Oferta permanente de trabajo
- Inversión significativa de capital

- Razones humanitarias
- Lotería de visas de diversidad

El tipo de visa a solicitar para obtener un estatus legal de inmigrante dependerá, entre otros factores, de los pasos que a cada quien le corresponda seguir según su empleo, nivel educativo y situación familiar, etcétera.

Reunificación familiar

Si la persona es familiar inmediato de un ciudadano estadounidense o de un residente permanente, puede migrar a Estados Unidos con algunas condiciones:

- Tener una relación familiar reconocida por la ley de inmigración y nacionalidad estadounidense. En este caso, las leyes se basan en un sistema de preferencias, y los cónyuges e hijos tienen prioridad sobre familiares no directos. Lazos por adopción o matrimonio (como hijastros, padrastros) pueden calificar, bajo ciertas circunstancias.
- El familiar inmediato debe estar dispuesto a dar apoyo financiero. Para esto, el ciudadano o residente debe presentar el formulario I-130, que es la petición de un pariente extranjero. También se deben aportar pruebas de la relación familiar. El USCIS debe aprobar la solicitud.
- No hay límites anuales en el número de visas de inmigrante emitidas para los parientes directos: cónyuges, hijos solteros o menores de 21 años y padres de ciudadanos estadounidenses.

- Los hijos adultos casados o los hermanos de un ciudadano estadounidense pueden migrar a Estados Unidos, pero la obtención de visa no será inmediata: deben apuntarse en una lista y el tiempo de espera dependerá del país de origen, la disponibilidad de visas y el estado civil.
- El tiempo de espera para obtener la *green card* siendo padre, cónyuge o hijo menor de edad de un residente permanente depende en gran parte del país de origen.

Oferta permanente de trabajo

Se puede optar por la inmigración laboral, pero es necesario tener habilidades muy específicas. Además, un empleador de Estados Unidos tiene que estar dispuesto no solo a contratar, sino también a patrocinar al empleado para obtener la *green card*. Es decir, a financiar sus procesos legales y administrativos durante la obtención de la tarjeta de residente. Los requisitos para solicitar una visa de trabajo son:

Calificar en una de las cinco categorías de inmigración en función del empleo:

- **Visa EB-1:** para trabajadores extranjeros con habilidades extraordinarias en las artes, las ciencias, el deporte, los negocios, la investigación o la gerencia.
- **Visa EB-2:** para profesionales con títulos universitarios de posgrado y conocimientos especializados o un alto nivel educativo en artes, ciencias o negocios.
- **Visa EB-3:** para profesionales y otros trabajadores calificados.

- **Visa EB-4:** para trabajadores religiosos, empleados de Estados Unidos y menores de edad bajo la custodia del gobierno estadounidense.
- **Visa EB-5:** también conocida como visa de inversionista, esta categoría tiene un límite de 10 000 visas al año y está reservada a personas que realicen una inversión de capital significativa en el país.

El empleador estadounidense debe estar dispuesto a:

- Presentar la solicitud y la documentación para obtener una certificación laboral que justifique la contratación de extranjeros.
- Enviar una petición de certificación laboral a la Administración de Empleo y Capacitación del Departamento de Trabajo.
- Presentar una solicitud de visa de inmigrante o de trabajador extranjero para el empleado.
- Pagar los honorarios legales que involucra cada uno de estos trámites.
- El uscis debe aprobar el ajuste de estatus como residente permanente legal.

La mayoría de las visas para trabajadores permanentes requieren que el empleado extranjero tenga una oferta de trabajo de una empresa ubicada en Estados Unidos; en este caso, el empleador se convierte en el patrocinador del trabajador extranjero. Antes de solicitarle al uscis la visa de inmigrante, el patrocinador debe pedir una certificación de empleo al Departamento del Trabajo de Estados Unidos. Esta agencia debe confirmar que la compañía estadounidense (el patrocinador) no haya encontrado en el país a un empleado apto para desempeñar el cargo y que, además, el empleado extranjero no disminuirá las condiciones laborales ni salarios de los empleados estadounidenses.

Inversión significativa de capital

Si una persona realiza una inversión de capital en Estados Unidos, puede calificar para obtener la condición de inmigrante siempre y cuando cumpla con estas reglas:

- La inversión debe ser de una cantidad mínima fijada por la ley, generalmente de entre 800 000 y 1 050 000 dólares, dependiendo de ciertas condiciones. Además, la inversión tiene que beneficiar a la economía de Estados Unidos y generar o preservar una cantidad específica de puestos de trabajo.
- El solicitante deberá presentar el formulario de solicitud o la petición de inmigrante como empresario extranjero.
- El USCIS deberá aceptar la solicitud.

Razones humanitarias

Se puede aceptar la inmigración de refugiados y solicitantes de asilo por razones humanitarias. Para obtener el estatus de refugiado, una persona debe haber sido víctima de persecución en su país de origen en el pasado o temer serlo en el futuro. La persecución puede deberse a su raza, religión, nacionalidad, opinión política o afiliación a un grupo determinado. Alguien que califique para acceder a la condición de refugiado debe además cumplir con ciertos criterios médicos y de seguridad para ingresar al país.

Lotería de visas de diversidad

Estados Unidos tiene un programa de visas para propiciar la diversidad demográfica, mediante el cual ofrece una cuota anual de visas de inmigrante a personas cuyos países de origen tienen índices bajos de inmigración a Estados Unidos. Este programa ayuda especialmente a personas que no tienen ofertas de trabajo o familiares en Estados Unidos.

Cada año el Departamento de Estado selecciona alrededor de 50 000 solicitantes que reúnen determinados requisitos de elegibilidad, y les garantiza su ingreso al país con la opción de obtener la tarjeta de residencia (aunque, por ser un proceso completamente al azar, ninguna empresa o gestor garantiza que alguien que cumple los requisitos salga seleccionado en el sorteo).

La participación puede realizarse de manera directa y gratuita en el sitio web del Departamento de Estado estadounidense, solo si el país de origen del solicitante está en la lista de naciones elegibles.

Requisitos para participar en el sorteo de visas:

- Haber nacido en un país elegible.
- Haber culminado los 12 años de educación básica y secundaria.

- Demostrar por lo menos dos años de experiencia laboral en los últimos cinco años en un oficio o trabajo que requiera entrenamiento profesional o educativo.
- Tener un grado técnico o profesional, como se describe en la base de ocupaciones del Departamento del Trabajo.
- Se puede participar sin importar dónde se viva en ese momento, incluso si ya se reside en Estados Unidos, pero no se puede hacer si se está, o estuvo, de manera ilegal en el país.
- No es necesario hablar o escribir inglés, ni tener familia en Estados Unidos. Solo se debe demostrar que se cuenta con buena salud, que no se tienen antecedentes penales y que no será una carga para el país, es decir, que el solicitante podrá trabajar y mantenerse.

Algunos países de habla hispana elegibles
para la lotería de visas

Argentina

Belice

Bolivia

Chile

Costa Rica

Cuba

Ecuador

España

Guatemala

Nicaragua

Panamá

Paraguay

Uruguay

TIPOS DE VISAS DE INMIGRANTE

Visa EB-1, para profesionistas que han llevado su disciplina a niveles superiores

Esta visa es una solicitud de residencia permanente, reservada para extranjeros que poseen habilidades extraordinarias en ciencias, artes, educación, negocios o deportes y hayan alcanzado el máximo nivel de desempeño en su actividad profesional. La habilidad extraordinaria debe demostrarse y acreditarse de manera fehaciente con reconocimiento nacional o internacional del solicitante, así como por un destacado aporte en su área de desempeño, del que también deberán aportarse sólidas pruebas. No necesita demostrar que posee una oferta de empleo formal, siempre y cuando declare tener intención de continuar su actividad en el área de desempeño en la cual sobresale. Hay que cumplir con los siguientes requisitos, según el perfil del solicitante:

Habilidades extraordinarias
No se requiere una oferta de empleo o certificación laboral ni patrocinio. El solicitante debe demostrar que trabaja en el área de su competencia y que cuenta con alguna habilidad extraordinaria en las ciencias, artes, educación, negocios o deportes. Para esto puede facilitar pruebas de algún logro extraordinario obtenido en una sola ocasión (por ejemplo, una medalla olímpica, un premio Pulitzer o un Oscar), o bien cumplir por lo menos con tres de los 10 siguientes criterios:

- Haber ganado premios o reconocimientos de rango nacional o internacional.

- Tener una membresía por méritos de excelencia en asociaciones relevantes a su industria, las cuales requieran logros sobresalientes de sus miembros, juzgados por expertos en sus áreas (debe indicarse el criterio de selección).
- Que existan publicaciones sobre el aplicante o su trabajo en revistas profesionales o medios de circulación masiva, como prensa escrita, radio o televisión.
- Haber sido juez o jurado, individualmente o en panel, del trabajo de otros en su área de competencia.
- Contar con aportaciones originales de gran importancia en su área, ya sean científicas, escolares, artísticas, deportivas, o relacionadas con negocios.
- Autoría de artículos o textos educativos o profesionales que hayan sido publicados en medios profesionales o informativos.
- Aportar pruebas de que su trabajo ha sido presentado en exhibiciones artísticas, exposiciones o congresos.
- Ocupar posiciones críticas o de liderazgo en organizaciones o establecimientos de distinguida reputación.
- Pruebas de que ha obtenido por sus servicios ingresos altos u otra remuneración significativa en comparación con otros en su área.
- Haber obtenido éxito comercial en virtud de lo que hace.

Profesores, investigadores y científicos

Tienen que demostrar que se han ganado el reconocimiento internacional con sus destacados logros en un campo académico particular. Deberán tener al menos tres años de experiencia en la docencia o en la investigación en el área académica. La razón para entrar a Estados Unidos deberá ser la búsqueda de una titularidad o de un puesto de profesor titular o de un puesto de investigación similar en una universidad, institución de educación superior o empresa privada.

Para demostrar que es un profesor o investigador destacado, debe aportar dos de los siguientes seis criterios (o pruebas comparables si alguno de los criterios no es fácil de cumplir):

- Prueba de que ha recibido premios o galardones importantes por sus logros destacados.
- Prueba de su membresía en asociaciones que exijan que sus miembros obtengan logros destacados.
- Prueba de material aparecido en publicaciones profesionales escrito por otros sobre su trabajo académico.
- Prueba de su participación, ya sea en un panel o individualmente, como juez del trabajo de otros en el mismo campo académico o en uno relacionado.
- Prueba de aportaciones originales a su campo en la investigación científica o en la academia.
- Prueba de autoría de libros o artículos académicos (en publicaciones académicas de circulación internacional) en su campo.
- En el caso de una empresa privada, debe demostrar logros documentados, y que emplea por lo menos a tres investigadores de tiempo completo. No se requiere una certificación laboral.

Ejecutivo o gerente de una multinacional

Uno de los requisitos para obtener una visa como ejecutivo es haber estado empleado fuera de Estados Unidos durante al menos uno de los tres años anteriores a la petición o, si ya se trabaja para el empleador estadounidense peticionario, a la más reciente admisión legal como no inmigrante.

El empleador que hace la petición tiene que ser estadounidense y tener la intención de emplear a la persona en un puesto gerencial o ejecutivo. Durante mínimo un año, el empleador tiene que haber hecho negocios en Estados Unidos siendo afiliado legal de la entidad que empleaba al solicitante en el extranjero en una capacidad gerencial o ejecutiva. No se requiere una certificación laboral.

Ventajas de la visa EB-1

- El cónyuge y los hijos solteros menores de 21 años podrían ser elegibles para entrar a Estados Unidos con el estatus de inmigrante E-14 o E-15.

Visa EB-2, para empleo de segunda preferencia

Muchos ciudadanos extranjeros encuentran esta visa atractiva debido a que es un camino a la ciudadanía permanente. Una EB-2 estándar requiere una oferta laboral de un empleador radicado en Estados Unidos, que debe presentar una solicitud de parte del ciudadano extranjero y someterse al proceso de certificación laboral. Como alternativa, muchos ciudadanos extranjeros eligen hacer una solicitud por sí mismos a través del proceso de EB-2 de Exención por Interés Nacional (NIW, por sus siglas en inglés); esto significa que el gobierno de Estados Unidos renuncia al requisito de que haya una oferta de trabajo. El Departamento del Trabajo otorgará autorización para emplear a un ciudadano extranjero si sus habilidades benefician a Estados Unidos y su trabajo es de interés nacional. Así, una persona calificada puede hacer una petición por sí misma y obtener una *green card* por su experiencia y sus habilidades profesionales. A continuación se explican las diferentes categorías.

Título de posgrado

El trabajo que se solicite debe exigir un título de posgrado o su equivalente (como una licenciatura más cinco años de experiencia laboral progresiva en ese campo). El aspirante deberá poseer el título, además de cumplir con cualquier otro requisito especificado en la certificación laboral correspondiente.

Aptitud excepcional

Deberá demostrar que tiene alguna aptitud excepcional en las ciencias, las artes o los negocios. Por aptitud excepcional se entiende un grado de habilidad notablemente superior a lo que por lo común se encuentra en su rama. Se debe cumplir con todo requisito especificado en la certificación laboral y al menos tres de los siguientes:

- Registros académicos oficiales que muestren que se tiene un título, diploma, certificado o galardón similar otorgado por un colegio universitario, universidad, escuela u otra institución docente relacionada con el campo en el cual se tiene la aptitud excepcional.
- Cartas que documenten que se cuenta al menos con 10 años de experiencia en la profesión trabajando de tiempo completo.
- Tener cédula profesional o permiso para practicar la profesión.

- Prueba de que se ha recibido por sus servicios un salario u otro tipo de remuneración que sea reflejo de su aptitud excepcional.
- Membresía en una o varias asociaciones profesionales.
- Reconocimiento de colegas, entidades del gobierno, organizaciones profesionales o de negocios por los logros y notables contribuciones a su industria o campo.
- Alguna otra muestra similar de elegibilidad.

Ventajas de la visa EB-2

- El cónyuge y los hijos menores de 21 años pueden ser elegibles para ingresar a Estados Unidos con estatus de inmigrantes E-21 y E-22, respectivamente.

Exención por interés nacional (EB2-NIW)

La visa EB2-NIW se otorga a ciudadanos extranjeros que demuestren que su residencia permanente sería de interés nacional para Estados Unidos. Pueden aspirar a ella personas con un título universitario avanzado (superior a una licenciatura) o su equivalente: al menos cinco años de experiencia laboral en el campo de su especialidad después de haberse graduado, o bien demostradas capacidades excepcionales en campos como la ciencia, la tecnología, las matemáticas, la ingeniería, las artes o los negocios.

Ventajas de la visa EB2-NIW

- No se necesita una oferta de trabajo.
- No hace falta una certificación laboral del empleador.

> - Puede solicitarse sin un patrocinador en Estados Unidos.
> - Si se aprueba la petición, el cónyuge y los hijos solteros menores de 21 años son elegibles para ingresar a Estados Unidos y pueden postularse para una *green card* como dependientes del solicitante principal.

Visa EB-3, para aquellos con patrocinio de un empleador

La EB-3 es una visa de inmigración solo para aplicantes que cuenten con el patrocinio de un empleador. Si se aprueba el proceso, el solicitante puede ser elegible para una residencia permanente en Estados Unidos, junto con su cónyuge y sus hijos solteros menores de 21 años. El proceso puede iniciarse en Estados Unidos o en otro país, siempre y cuando el candidato no haya estado en el país de manera ilegal en ningún momento. Se indican a continuación las diferentes subcategorías.

Trabajadores especializados
Son las personas cuyo trabajo exige un mínimo de dos años de capacitación o de experiencia laboral que no sea de naturaleza temporal o eventual. Deben cumplir con los siguientes requisitos:

- Demostrar al menos dos años de experiencia laboral, educación o capacitación según los criterios especificados en la certificación laboral (educación superior —terciaria— relevante podría contar como capacitación).

- Hacer un trabajo para el cual no haya trabajadores calificados disponibles en Estados Unidos.
- Contar con certificación laboral y una oferta de trabajo permanente de jornada completa.

Profesionales

Son las personas cuyo trabajo exija al menos una licenciatura de Estados Unidos o su equivalente en el extranjero. En este caso, la experiencia no sirve como equivalente del título universitario. Deben cumplir con los siguientes requisitos:

- Demostrar que tienen una licenciatura de Estados Unidos o su equivalente en el extranjero y que el título es el requisito normal que se exige para ingresar en la profesión.
- Hacer un trabajo para el cual no haya trabajadores calificados disponibles en Estados Unidos.
- Contar con certificación laboral y una oferta de trabajo permanente de jornada completa.

Trabajadores no especializados (otros trabajadores)

Son quienes realizan un trabajo no especializado que exige menos de dos años de capacitación o experiencia. Deben cumplir con los siguientes requisitos:

- Demostrar que pueden realizar un trabajo no especializado (que exija menos de dos años de capacitación o experiencia), que no sea de naturaleza temporal o estacional.
- Hacer trabajos para los cuales no haya trabajadores calificados disponibles en Estados Unidos.

- Cumplir con todos los requisitos especificados en la certificación laboral.

Empleos no calificados (entry level)
En estos casos solicita la visa la misma persona que realizará el trabajo, y no se requiere una certificación o capacitación específica. El sueldo promedio es de 12.50 dólares por hora (varía según la localidad). En general, estos empleos son de 36 a 40 horas por semana. La mayoría de las empresas que contratan ofrecen apoyo para seguros médicos o de vida, adicionales al sueldo. Una característica importante es que no exigen exclusividad, así que se puede tener otro trabajo fuera de las horas requeridas. Al cambiar de empresa no se pierde la *green card*; sin embargo, es importante tener una actitud de compromiso con la empresa patrocinante: no es bien visto por las compañías ni por el gobierno que una persona llegue y al poco tiempo renuncie para irse con otro empleador. Los solicitantes deben cumplir con los siguientes requisitos:

- Dieciocho años cumplidos.
- Dominio intermedio del inglés.
- No tener antecedentes penales ni infracciones migratorias.

Visa EB-4, para trabajadores religiosos

Esta categoría de visa se emite a extranjeros que ingresan a Estados Unidos como trabajadores calificados o profesionales de una organización religiosa para ocupar puestos remunerados

de tiempo completo. La organización religiosa, como empleador, es la que debe solicitar la tarjeta de residencia permanente EB-4 para su trabajador extranjero, quien debe cumplir con
los siguientes requisitos:

- Probar que ha sido miembro de una denominación religiosa que tiene una organización sin fines de lucro en
  Estados Unidos durante al menos dos años antes de presentar una petición ante el USCIS.
- Demostrar que quiere ingresar a Estados Unidos para trabajar en un puesto remunerado de tiempo completo, ya
  sea como ministro de esa denominación religiosa o como
  alguien con una ocupación o vocación religiosa (en calidad profesional o no profesional).
- Demostrar que va a trabajar en una organización religiosa
  sin fines de lucro en Estados Unidos o en una organización sin fines de lucro que esté afiliada a la denominación
  religiosa en Estados Unidos.
- Haber estado trabajando en uno de los puestos descri-
  tos anteriormente después de los catorce años, ya sea en
  el extranjero o en Estados Unidos, de forma continua
  durante al menos los dos años inmediatamente anteriores
  a la presentación de una solicitud ante el USCIS. El trabajo religioso anterior no tiene que corresponder precisamente al tipo de trabajo a realizar. Una interrupción en
  la continuidad del trabajo durante los dos años anteriores no afectará la elegibilidad, siempre y cuando estuviera empleado como trabajador religioso, el descanso no
  haya excedido los dos años, y la naturaleza del descanso
  fuera para entrenamiento religioso adicional o para un

año sabático. Sin embargo, debe haber sido miembro de la denominación del peticionario durante los dos años de empleo calificado.

- Oferta de empleo o certificación laboral (excepto en casos particulares).

> ### Ventajas de la visa EB-4
> - El cónyuge y los hijos solteros menores de 21 años pueden acompañar al trabajador religioso o unirse posteriormente a él o ajustar su estatus migratorio en Estados Unidos.

Visa EB-5, para inversionistas

El programa de visa EB-5 es un sistema que permite a los extranjeros realizar una inversión en algún negocio en Estados Unidos y obtener una *green card* para poder trabajar y vivir en el país. El inversionista puede convertirse en un residente permanente legal junto con su cónyuge y sus hijos solteros menores de 21 años. Al obtener esta visa de inmigrante se le otorga una tarjeta de residencia temporal que luego puede convertirse en permanente. Cualquier extranjero puede solicitarla sin importar su nacionalidad, pero debe cumplir con los siguientes requisitos:

- Hacer una inversión de capital que favorezca a una entidad de negocios de Estados Unidos. Por lo general, el monto a invertir debe sumar 1 050 000 dólares. Sin embargo, en ciertas zonas económicamente deprimidas puede bastar con 800 000 dólares.

- Las inversiones deben generar o conservar al menos diez puestos de tiempo completo para trabajadores estadounidenses calificados.

Se admiten distintos tipos de inversión según la estructura del proyecto, a saber:

- *Centros regionales:* entidades aprobadas por el USCIS para atraer dinero de distintos inversionistas con el fin de desarrollar uno o varios proyectos.
- *Inversión directa en un proyecto propio:* el inversionista elabora su propio plan de negocios y se compromete a gestionar directamente su proyecto.
- *Inversión directa en un proyecto ajeno:* uno o varios inversionistas realizan una inversión pasiva en un proyecto que no sea propio. Los inversionistas no gestionan el proyecto ni tienen que vivir en el estado en el que éste se lleva a cabo.

Ventajas de la visa EB-5

- No requiere futuras recalificaciones.
- Los inversionistas no tienen obligación de aceptar un empleo.
- Se cuenta con beneficios educativos para los residentes permanentes.
- El cónyuge y los hijos solteros menores de 21 años también reciben la residencia legal permanente.
- Los residentes permanentes legales con este programa disfrutan de los mismos beneficios que cualquier otro residente de Estados Unidos.

- El inversionista y su familia no necesitan estar continuamente en Estados Unidos. Son libres de mantener relaciones profesionales con su país de origen y regresar a él para visitas o negocios, solo que deberán mantener un domicilio en Estados Unidos.
- Los dueños de la inversión pueden trabajar, vivir o ser dueños de sus propias empresas en cualquier lugar de Estados Unidos, sin limitarse a la localidad donde invirtieron.
- No se requiere que los beneficiarios de esta visa participen en la administración diaria de sus inversiones: pueden hacerlo como socios de responsabilidad limitada y dedicarse a otras empresas personales o profesionales.
- Los hijos del inversionista podrán obtener residencia permanente si son solteros y tienen menos de 21 años cumplidos antes de hacer la petición.

VISAS DE NO INMIGRANTE

Si una persona desea visitar Estados Unidos de forma temporal y no piensa quedarse ahí para siempre, puede pedir una visa de *visitante no inmigrante*. El extranjero puede entrar al país por motivos de turismo, negocios, trabajo temporal, estudios o atención médica, y deberá regresar a su país de origen sin exceder el tiempo permitido.

Los visitantes que no buscan migrar a Estados Unidos necesitan de todas maneras una visa para ingresar legalmente por un puerto de entrada autorizado. Antes de realizar un viaje, es muy importante verificar si se necesita una visa estadounidense de no inmigrante para entrar, ya que algunas naciones están libres de este requisito y simplemente necesitan llenar un formulario a través de un sistema electrónico en los días previos al viaje.

Una vez que se tenga la visa, se debe ser admitido por los oficiales de la Oficina de Aduanas y Protección Fronteriza de Estados Unidos en el puerto de entrada. Los requisitos son:

- El propósito de la visita debe ser temporal.
- El visitante debe presentar un pasaporte válido.
- Demostrar que su domicilio permanente está en el extranjero.
- Probar la capacidad financiera para costear el viaje y la estadía.
- No tener en su récord un aviso de inadmisibilidad.
- Respetar los términos y condiciones de su admisión.
- Salir del país al final de la estadía autorizada por el oficial de inmigración o en la fecha que diga su extensión.

En situaciones excepcionales, se han exigido requisitos de entrada adicionales. Por ejemplo, para proteger la salud pública durante la pandemia de covid-19, los Centros de Control y Prevención de Enfermedades han exigido el comprobante de resultado negativo de una prueba tipo PCR. En otros momentos, ha habido restricciones de viaje, como prohibir el ingreso a pasajeros provenientes de ciertos países.

El Departamento de Estado es la oficina federal del gobierno de Estados Unidos que se encarga de la política exterior. Trabaja con los consulados y embajadas para tramitar los servicios de visas para visitantes de forma temporal. Existe una gran variedad de categorías de visas de no inmigrante; cada una de ellas supone distintos requisitos, derechos y responsabilidades para el titular.

Las visas de no inmigrante no conducen a una *green card* que autorice la residencia permanente. Sin embargo, algunas personas que visitan Estados Unidos pueden cambiar de visa si los motivos de su estadía cambian y si cumplen con los requisitos de elegibilidad que imponen las leyes de inmigración.

Veamos enseguida algunas de las más solicitadas.

Visa H-1B, para profesionales con título universitario

La visa H-1B le permite a un extranjero con al menos un grado universitario, o su equivalente en experiencia laboral, trabajar en Estados Unidos. Para solicitarla se debe tener una oferta de trabajo válida en un trabajo especializado y que se recibirá un salario por ello. Se debe cumplir con los siguientes requisitos:

- Tener una oferta de trabajo en Estados Unidos para un cargo profesional, con una empresa dispuesta a ser patrocinador.
- Que el salario y las condiciones de trabajo coincidan con las de la mayoría de los trabajadores empleados en el mismo campo y para la zona geográfica donde se estará trabajando.
- Tener un grado universitario, o bien una combinación de educación y experiencia de trabajo que sean equivalentes a un grado universitario en un campo de estudio relacionado con la posición a desempeñar.

> ### *Ventajas de la visa H-1B*
> - La visa tiene una duración de al menos seis años, en incrementos de hasta tres años.
> - El cónyuge y los hijos menores de edad del portador de la visa H-1B pueden solicitar la visa H-4, que les permite vivir y estudiar en Estados Unidos hasta la fecha de validez de la visa H-1B (o *visa primaria*). Sin embargo, los familiares acompañantes no pueden trabajar en Estados Unidos.

Esta visa se maneja con un sistema de cupos. Cada año hay 65 000 visas disponibles para profesionales con título universitario y 20 000 adicionales para personas con un posgrado obtenido en Estados Unidos (estos cuentan con una doble oportunidad).

Además, esta categoría de visa tiene una temporada de aplicación, la cual termina antes de la segunda semana de marzo de cada año, cuando por medio de un sorteo se adjudican los 65 000 y 20 000 cupos.

Cabe mencionar que los chilenos tienen una muy favorable excepción a esta visa: no están sujetos al cupo numérico indicado y pueden aplicar durante todo el año.

Visa L-1, para ejecutivos transferidos

La Visa L-1 es una de las opciones de visas basadas en operaciones empresariales. Si bien fue creada para permitir la transferencia de empleados de empresas multinacionales hacia Estados Unidos, se ha utilizado de forma exitosa como estrategia migratoria para empresarios que se consideraban locales, pero han extendido sus operaciones a Estados Unidos. En estos casos, por lo general, el empresario es propietario o empleado de alta jerarquía de un negocio local que decide establecer una afiliada en Estados Unidos.

En este tipo de visa entran en juego tres elementos básicos: la empresa en el país de origen, la empresa en Estados Unidos y el empleado transferido. Deben cumplir con los siguientes requisitos:

La empresa en el país de origen
- Debe contar con una operación tangible y sustancial.
- Debe tener una plantilla de empleados que justifique un organigrama con funciones de gerencia y dirección bien diferenciadas de las funciones rutinarias.

La empresa en Estados Unidos
- Debe tener operaciones tangibles y sustanciales, o estar en proceso de tenerlas. Puede ser preexistente o nueva.
- Debe contar con una plantilla de empleados (presentes o en planificación) que justifique un organigrama con funciones de gerencia y dirección bien diferenciadas de las funciones rutinarias.
- Debe estar afiliada a la empresa en el país de origen. Esto se cumple al demostrar relación de propiedad de al menos 51% del capital de la empresa en Estados Unidos. La relación de afiliada se puede lograr de diferentes maneras, por ejemplo, siendo subsidiarias una de la otra o teniendo un centro común de propiedad.

El empleado transferido

- Debe figurar como trabajador de la empresa de origen y haber trabajado en ella durante al menos 12 de los últimos 36 meses.
- Debe haber ejercido funciones de gerencia o dirección en la empresa de origen y venir a desempeñar también tales funciones en la empresa de Estados Unidos.
- Debe tener empleados que le reporten.

Ventajas de la visa L-1

- Se otorga por periodos de entre uno y tres años, con la posibilidad de renovarse hasta siete años en total.
- Permite la extensión de visa de acompañante a cónyuge e hijos (o hijastros) menores de 21 años (denominada en este caso L-2).
- El cónyuge puede solicitar autorización de empleo y los hijos menores de 21 años pueden asistir al sistema educativo, ya sea privado o público.

Visa E-1, de intercambio comercial

La E-1 es una visa destinada a ciudadanos extranjeros que desean emprender una actividad comercial internacional desde Estados Unidos. Para obtenerla es obligatorio que más del 50% de las transacciones comerciales se realice entre el país del titular de la visa y Estados Unidos, y que el volumen de estas transacciones sea considerable.

Hay que tomar en cuenta lo siguiente:

- El solicitante debe tener la nacionalidad de un país que mantenga un tratado de libre navegación y comercio con Estados Unidos, como Argentina, Chile, Colombia, Costa Rica, Honduras, México, Panamá y Paraguay.

- La empresa solicitante debe realizar intercambio comercial internacional sustancial y constante, principalmente entre el país de origen y Estados Unidos, con flujo continuo de operaciones de intercambio comercial a lo largo del tiempo.

- La normativa no indica una cifra específica para considerar sustancial un intercambio comercial. Para saberlo se debe observar no solo el monto del dinero intercambiado, sino la frecuencia de las operaciones, que deben ser al menos suficientes para dar sostenimiento económico a la empresa, el empresario y su familia. La creación de empleo puede ser considerada un factor positivo en la decisión del caso.

- El intercambio comercial internacional puede consistir en el intercambio de bienes o servicios (bancarios, de seguros, de transporte, de turismo, tecnológicos, noticiosos, etcétera).

Ventajas de la visa E-1

- Se otorga por un periodo de cinco años y es renovable de manera indefinida.
- Permite la extensión de visa de acompañante al cónyuge y a los hijos (o hijastros) menores de 21 años.
- El cónyuge puede solicitar empleo y los hijos menores de 21 años pueden acudir al sistema educativo público o privado.

Visa E-2, para inversionistas

La E-2 es una visa para inversionistas muy popular que destaca por su flexibilidad. El proceso de solicitud es relativamente sencillo, siempre y cuando se cumplan los siguientes requisitos:

- Tener la nacionalidad de un país que mantenga un tratado de libre navegación y comercio con Estados Unidos, como Argentina, Chile, Colombia, Costa Rica, Honduras, México, Panamá y Paraguay.
- Realizar una inversión sustancial (la normativa no indica una cifra en particular, pero debe ser un monto viable para que la empresa tenga éxito; esto puede probarse con un plan de negocios).
- Demostrar el origen legítimo de los fondos.
- Que la inversión esté, como cualquier inversión de negocios, sujeta a riesgo e irrevocablemente comprometida con el negocio.
- La inversión no puede ser «marginal», es decir, que únicamente provea de medios para la subsistencia del inversionista y su familia, sino que deberá producir empleos. Además, se sugiere que la inversión sea tangible y no meramente especulativa.
- Los negocios que funcionan para este tipo de visa pueden ser nuevos o preexistentes y de cualquier industria, siempre y cuando sean activos y no pasivos.
- La operación debe ser dinámica, estar proporcionando algún servicio o vendiendo algún producto (a diferencia de comprar un departamento y ponerlo en venta).

Ventajas de la visa E-2

- Se otorga por un periodo de cinco años y es renovable de manera indefinida si se demuestra que el negocio en el que se invirtió sigue generando ganancias y empleos.
- Se puede solicitar un número de seguro social, con el que se establece un récord crediticio y califica para créditos con tasas muy favorables.
- Permite la extensión de visa de acompañante al cónyuge y a los hijos (o hijastros) menores de 21 años.
- El cónyuge puede solicitar empleo y los hijos menores de 21 años acudir al sistema educativo privado o público.

Visa O-1, para gente con habilidades extraordinarias

La O-1 es una visa para personas que poseen habilidades extraordinarias en las ciencias, artes, educación, negocios o atletismo, o han obtenido logros extraordinarios en la industria del cine o de la televisión y han sido reconocidas nacional e internacionalmente por ellos. Pertenecen al pequeño porcentaje de personas que se encuentran en las más altas esferas en su campo de especialidad. Los solicitantes deben demostrar sus destrezas extraordinarias. Esta visa les permite a sus titulares permanecer en Estados Unidos y utilizar sus habilidades en el campo en cuestión durante tres años. Hay dos categorías básicas de visa O-1:

Visa O-1A

Es para personas con habilidades extraordinarias en los negocios, la educación, la ciencia y los deportes, y que además tienen la oportunidad de trabajar en alguna organización o empresa estadounidense. El candidato debe solicitar y tener una propuesta de petición de un empleador en Estados Unidos, así como demostrar, con certificados de otorgamiento de premios, su mérito y su reconocimiento nacional o internacional específicamente en el campo de interés.

Visa O-1B

Se otorga a quienes desean residir y trabajar en Estados Unidos y cuentan con experiencia en las artes, la televisión o el cine. El primer paso del proceso de solicitud es conseguir en Estados Unidos un puesto acorde a su talento. Después deberá demostrar su reconocimiento nacional o internacional en su campo y sus habilidades extraordinarias con certificados de haber obtenido premios o medallas.

Ventajas de la visa O-1

- Se concede por un máximo de tres años, pero en caso de necesidad puede prorrogarse un año.
- Pueden acompañar al portador de la visa su cónyuge y sus hijos solteros menores de 21 años. Con su O-1 válida debe solicitar para ellos una visa O-3, y con ella podrán viajar y estudiar en el país durante la vigencia de la visa O-1. Sin embargo, los titulares de la visa O-3 no pueden trabajar dentro de Estados Unidos.

Visa F-1, para estudiantes académicos o de idiomas

La F-1 es una visa de no inmigrante para estudiar en Estados Unidos, independientemente de la edad del solicitante. Se debe solicitar si se quiere asistir a una universidad o colegio, preparatoria, escuela primaria privada, seminario, conservatorio, programa de enseñanza de idiomas u otra institución académica. Es necesario cumplir varios requisitos, entre ellos los siguientes:

- Es imprescindible que el estudiante internacional planee regresar a su país de origen después de la graduación. El propósito de una visa de estudiante no es permanecer en Estados Unidos, sino adquirir más educación y luego llevar los nuevos conocimientos de vuelta a su país de ciudadanía.
- Durante la entrevista es imprescindible probar que se ha sido aceptado en una institución o escuela de idiomas de Estados Unidos previamente aprobada por el Programa de Estudiante Visitante e Intercambio.
- Los titulares deben estar en posibilidades de cubrir sus gastos de vida y estudio mientras estén en Estados Unidos, ya que las oportunidades de empleo legal serán limitadas. Si no se tiene el soporte financiero suficiente se necesita un patrocinador que ayude a solventar los gastos; este puede estar dentro o fuera de Estados Unidos.
- Demostrar vínculos fuertes con el país de origen: familia, ofertas de trabajo, cuentas bancarias, etcétera.

Las F-1 no son visas de trabajo; están destinadas a estudiantes de tiempo completo. Por lo general, los estudiantes internacionales pueden trabajar 20 horas a la semana en el campus en temporada escolar y de tiempo completo en vacaciones, aunque es posible que antes tengan que pedir la aprobación del

Departamento de Seguridad Nacional y de la oficina de asuntos internacionales en su escuela.

Los titulares de una visa F-1 son elegibles para, luego de completar el programa de estudio, trabajar fuera de la escuela hasta por 12 meses. Este permiso se llama Entrenamiento Práctico Opcional (OPT, por sus siglas en inglés) y les permite a los estudiantes F-1 prepararse, y por lo tanto trabajar, en un campo relacionado con su campo de estudio. Este permiso es una herramienta de gran utilidad para enlazar estrategias migratorias y pasar a un estado migratorio distinto (incluso permanente), pues el recién graduado puede permanecer legalmente en Estados Unidos, trabajando en su área de estudio, mientras se evalúa su transición. Además, los graduados de carreras en ciencias, tecnología, ingeniería y matemáticas pueden optar por una extensión al OPT de 24 meses, para así aumentar a 36 meses su periodo de entrenamiento tras la graduación.

Los titulares pueden quedarse en Estados Unidos hasta 60 días tras completar su programa académico u OPT. Cualquier estudiante que desee permanecer en los Estados después de su programa debe cambiar su estatus de visa, reinscribirse en un programa superior o tener la opción de trasladarse a una nueva escuela y recibir nuevos documentos de visa.

Ventajas de la visa F-1

- Permite estudiar, viajar y permanecer en el país en compañía de los familiares directos (cónyuges e hijos), a quienes se les otorgan las visas F-2. La persona con visa F-1 tiene oportunidades de empleo limitadas, y los acompañantes no podrán trabajar durante su estadía.

Visa P, para atletas y artistas destacados

La visa P es una categoría de permiso de empleo temporal en Estados Unidos que se otorga a ciertos artistas y deportistas extranjeros con habilidades especiales y prestigio internacional que van a recibir una remuneración por su trabajo, y a sus familiares. Tiene cuatro tipos, de acuerdo con el solicitante y las circunstancias:

Visa P-1

Es una visa de viaje a Estados Unidos para deportistas de élite (que incluye, incluso, jugadores profesionales de videojuegos) y artistas, con el fin de que puedan participar en algún torneo o espectáculo específico. En este último caso, deben solicitar la visa también quienes acompañan al artista principal, y demostrar una antigüedad mínima de un año dentro de su agrupación.

Visa P-2

Permite el ingreso de artistas solistas o miembros de una agrupación inscritos en programas de intercambio cultural entre Estados Unidos y otros países. No debe confundirse con la visa O, para artistas con habilidades extraordinarias.

Visa P-3

Se otorga a artistas que integran una agrupación cultural o son parte vital de un espectáculo artístico (a diferencia de la visa P-1, no exige antigüedad de un año o más con la agrupación). Es también para personas que viajan a Estados Unidos para enseñar o realizar entrenamiento en programas culturales únicos.

Visa P-4

Se otorga a los familiares inmediatos (cónyuges e hijos menores de 21 años) de los titulares de las visas P-1, P-2 o P-3. Es una visa derivada que dura el mismo tiempo que la visa P-1 y no autoriza a trabajar en el país durante su permanencia.

Para obtener la visa P es necesario que un empleador en Estados Unidos presente la solicitud al USCIS. Si este aprueba la petición, se notifica al empresario estadounidense y al artista extranjero contratado. Su duración depende de para quién sea:

- Al deportista individual se le otorga por un máximo de cinco años, con la posibilidad de una extensión por otros cinco años. Al cabo de 10 años de permanencia en Estados Unidos con este visado, el titular debe salir del país.
- Los atletas que viajan en equipo pueden permanecer hasta un año, aunque su visa P puede extenderse varias veces, durante plazos de un año adicional.
- Para integrantes de grupos de entretenimiento la visa vence cada año, pero puede ser renovada por un periodo adicional.

PARTE III

Emprender

Capítulo 8

Emprender en Estados Unidos

Alejandro Castillo Manrique, Aleb Insurance Group

PERSPECTIVAS DE NEGOCIOS PARA EXTRANJEROS QUE QUIEREN EMPRENDER O INVERTIR EN ESTADOS UNIDOS

El sector empresarial en Estados Unidos es uno de los más desarrollados y diversos, con una amplia gama de industrias que abarcan tecnología, servicios financieros, venta al por menor, manufactura y energía. La economía estadounidense es la más grande del mundo y una de las más avanzadas, con una fuerte tradición empresarial y un mercado libre que atrae a inversores y compañías de todo el mundo. Sin embargo, también hay dificultades, como la desigualdad económica y la competencia global, que requieren una atención continua. En general, el entorno empresarial en Estados Unidos es dinámico y competitivo, y ofrece muchas oportunidades para quienes están dispuestos a asumir riesgos y trabajar duro.

Estados Unidos es un destino atractivo para los extranjeros que desean emprender o invertir en un negocio. Ofrece una gran variedad de oportunidades en una amplia gama de industrias, una economía estable y un mercado libre. Además, el acceso a capital y recursos, como tecnología, talento y redes de contactos, es más fácil ahí que en muchos otros países.

Emprender o invertir en un negocio en Estados Unidos también puede presentar obstáculos, como la complejidad reguladora y los altos costos asociados con el cumplimiento, además de posibles barreras lingüísticas y culturales.

Los extranjeros que buscan emprender o invertir en el país norteamericano deben estar preparados para enfrentar esas pruebas y listos para invertir el tiempo y los recursos necesarios para establecerse con éxito. Las perspectivas de negocios para quienes tienen esta disposición son positivas y pueden representar una gran oportunidad para el crecimiento y el éxito empresarial.

Por lo general, los empresarios de países latinoamericanos están acostumbrados a saber y hacer un poco de todo, y si no lo saben hacer, lo investigan, lo aprenden y lo resuelven, o bien lo platican con un familiar o amigo que ya pasó por la misma situación, o con un contador, abogado o socio. Es común tomar algunas técnicas y aplicarlas a otro caso u otra empresa para resolver asuntos del día a día.

En Estados Unidos no necesariamente es así. Culturalmente, las cosas se hacen de otro modo, por lo que no se puede esperar llegar al extranjero y pretender resolver las cosas como se hace en el país de origen. Para empezar, en Estados Unidos se necesitan asesores especialistas para absolutamente todos los temas, pues no existen los asesores «todólogos». Todos los especialistas se concentran en una materia, y el extranjero siempre tiene que contratar a la persona adecuada para resolver cada asunto en particular.

Saber esto y estar preparado ahorrará tiempo, dinero, esfuerzo y muchos dolores de cabeza.

> *Diferencias significativas entre la cultura empresarial*
> *de Estados Unidos y la de América Latina*
>
> - **Enfoque en el éxito:** En Estados Unidos la cultura empresarial se centra en el logro y el éxito, con hincapié en la innovación y el crecimiento constantes. En comparación, en muchos países de América Latina la cultura empresarial se centra más en la estabilidad y la relación personal con los clientes y los proveedores.
> - **Comunicación:** La comunicación directa y franca es común en Estados Unidos, mientras que en América Latina suele ser más indirecta y sutil.
> - **Regulaciones:** Los requisitos reguladores y la complejidad burocrática en Estados Unidos son más rigurosos que en muchos países de América Latina.

Es importante tener en cuenta que esta es una generalización a grandes rasgos; puede haber variaciones dentro de cada país y cultura empresarial individual. Lo importante es ser consciente y respetuoso de las diferencias culturales, ya que esto puede ayudar a los empresarios extranjeros a tener éxito en ambos entornos empresariales.

INVERTIR DESPUÉS DEL COVID-19

Los cambios económicos y sociales y la incertidumbre económica que trajo consigo la epidemia de covid-19 afectó los mercados y las inversiones. Por lo tanto, muchos inversores adoptaron una postura cautelosa a la falta de certeza sobre el futuro de la economía global.

Sin embargo, ya hay una recuperación económica impulsada por factores como la distribución de vacunas y la apertura de la economía. Algunos inversores han visto oportunidades en sectores especialmente afectados por la pandemia, como el turismo y la cultura, y la recuperación económica en ellos producirá un aumento en la demanda de servicios y en los precios de los mismos.

También hay sectores que prosperaron durante la pandemia, como la tecnología y la industria de la salud, y muchos inversionistas consideran que seguirán siendo atractivos.

Entre los sectores económicos más atractivos para el inversionista en Estados Unidos en un mundo post-covid 19 están:

1. **Tecnología:** La pandemia ha acelerado la adopción de nuevas tecnologías, como el uso común de la nube y el trabajo remoto, y se espera que esta tendencia continúe en el futuro.
2. **Salud:** La pandemia ha puesto de manifiesto la importancia de la salud, y por consiguiente esta industria ha prosperado. Algunos ejemplos de esto son las compañías farmacéuticas, las de equipos médicos, los servicios de telemedicina, etcétera.
3. **Energías renovables:** Con un enfoque en la sostenibilidad y el medio ambiente, se espera que la demanda de energías renovables siga en crecimiento.
4. **Logística y comercio electrónico:** La pandemia provocó un aumento en la demanda de entrega de paquetes

y comercio electrónico, y se espera que esto continúe en el futuro.

5. **Seguridad cibernética:** Con un aumento en la dependencia de la tecnología y la nube, la seguridad cibernética se ha vuelto más importante que nunca.

Estos son solo algunos ejemplos de sectores económicos interesantes en Estados Unidos actualmente. Por supuesto, es posible que en otros sectores también surjan oportunidades. Es importante considerar cuidadosamente los riesgos antes de tomar decisiones de inversión y de preferencia buscar asesoramiento profesional.

ENFOQUE ESG

El enfoque ESG (medio ambiente, social y gobierno corporativo) se ha vuelto cada vez más importante en el mundo de la inversión. Los inversores y las empresas están cada vez más conscientes de la importancia de tener un impacto positivo en la sociedad y el medio ambiente, y están buscando inversiones que reflejen estos valores.

En Estados Unidos se está produciendo un cambio hacia una cultura empresarial más sostenible y responsable, y muchas empresas están adoptando prácticas ESG y reportando sus impactos. Además, muchos reguladores y organismos internacionales están fomentando la transparencia y la responsabilidad ESG, lo que ha impulsado un creciente interés por estos temas entre inversionistas. Se espera que este enfoque cobre cada vez mayor importancia.

QUÉ HACER PARA INVERTIR EN ESTADOS UNIDOS

Para montar un negocio o invertir en Estados Unidos, estos son algunos de los pasos a seguir:

1. **Investigar el mercado:** Antes de tomar cualquier acción, es importante investigar el mercado para determinar si la idea de negocio o inversión es viable y para comprender mejor las oportunidades que existen y los posibles obstáculos.

2. **Armar el *dream team* de socios:** Los negocios son deportes que se juegan en equipo; si se quieren ganar campeonatos, habrá que asociarse con gente talentosa y que se complemente para formar un equipo fuerte.

3. **Crear un plan de negocios:** Se deberá crear un plan de negocios que incluya una estrategia de marketing, un plan financiero y un análisis de costos.

4. **Desarrollar un *porqué*:** Cuando el emprendedor tiene perfectamente identificado por qué quiere hacer negocios, es mucho más sencillo que desarrolle su modelo a partir de ahí. El porqué es la motivación, y puede volverse un motor fuerte para enfrentar los obstáculos que se presenten.

5. **Producto Mínimo Viable:** Cuando se está arrancando una empresa es de gran ayuda salir al mercado con un producto mínimo viable y ver qué respuesta se obtiene. Esto será de gran ayuda para sentir la temperatura y decidir si tiene sentido echar toda la carne al asador.

6. **Obtener financiación:** Con el plan de negocios en la mano se deberá obtener la financiación necesaria para ponerlo en marcha, ya sea a través de préstamos, con

ayuda de inversionistas o con la venta de participaciones en el negocio.

7. **Establecer la estructura legal:** Es importante elegir la estructura legal adecuada para el negocio o inversión.

8. **Cumplir con los requisitos regulativos:** Es importantísimo tener los permisos y licencias necesarios, cumplir con los requisitos fiscales y demás regulaciones laborales y requisitos aplicables al negocio.

9. **Contratar personal:** Finalmente, se deberá contratar al personal necesario para la buena operación del negocio.

El proceso puede ser complejo y quizá se requiera la asistencia de un abogado, un contador y otros profesionales. Todos los pasos requeridos, así como consideraciones adicionales para invertir y emigrar a los Estados Unidos se explorarán en este libro.

Ventajas de invertir en Estados Unidos

- **Mercado amplio y diversificado:** Estados Unidos tiene una economía desarrollada y una población grande y diversa, lo que se traduce en muchas oportunidades de mercado para empresas nuevas o inversiones.

- **Infraestructura sólida:** El país cuenta con una importante infraestructura de transporte, energía, telecomunicaciones, etc., lo que facilita la conducción de negocios.

- **Acceso a financiamiento:** Su sólido sistema financiero ofrece una amplia gama de opciones de financiamiento, como préstamos bancarios, inversiones de capital de riesgo y fondos de cobertura, lo que facilita a las empresas obtener el financiamiento necesario para crecer.

- **Clima empresarial favorable:** El país tiene una cultura de innovación y un marco regulador que fomentan la competitividad y el crecimiento empresarial.
- **Fuerza laboral capacitada:** Estados Unidos cuenta con una fuerza laboral altamente capacitada y educada, de manera que hay una gran cantidad de talento disponible para las empresas.

QUÉ INSTITUCIONES TENER PRESENTES AL INVERTIR EN ESTADOS UNIDOS

Al analizar la posibilidad de poner una empresa o invertir en Estados Unidos es importante tener en cuenta las siguientes instituciones gubernamentales:

1. **Servicios de Ciudadanía e Inmigración de Estados Unidos (USCIS):** Si se desea establecer una empresa como extranjero, es posible que se necesite un visado de inversión o de trabajo. USCIS es la institución responsable de administrar los programas de visado relacionados con el comercio.
2. **Departamento de Comercio de Estados Unidos:** Es el responsable de fomentar el comercio y las inversiones, así como de brindar información y asistencia a empresas e inversionistas extranjeros.
3. **Comisión de Bolsa y Valores (SEC):** Si se desea invertir en valores cotizados en bolsa, hay que estar familiarizado

con las regulaciones de la SEC y cumplir con los requisitos aplicables a los inversionistas extranjeros.

4. **Servicio de Impuestos Internos (IRS):** Es responsable de administrar el sistema tributario de Estados Unidos y de aplicar las leyes fiscales a empresas e inversionistas extranjeros.

5. **Departamento de Trabajo de Estados Unidos:** Es responsable de administrar las regulaciones en materia laboral y de brindar información y asistencia a las empresas sobre sus responsabilidades laborales.

Estos son solo algunos ejemplos de las instituciones gubernamentales a las que quizá haya que recurrir al montar una empresa o inversión en Estados Unidos. Es importante investigar cuidadosamente las regulaciones aplicables al negocio o inversión particular y buscar asesoramiento profesional si es necesario.

Aspectos clave para una adecuada toma de decisiones de inversión

- **Análisis de mercado:** Los inversionistas deben analizar el mercado en el que se encuentra la empresa o industria en la que desean invertir para determinar su potencial de crecimiento y rentabilidad.

- **Análisis financiero:** Hay que analizar los estados financieros de la empresa, incluidas rentabilidad, liquidez y solvencia.

- **Riesgo y recompensa:** Debe evaluarse el riesgo potencial asociado con una inversión en comparación con su potencial de recompensa.

- **Visión a largo plazo:** Los inversionistas necesitan una visión a largo plazo de sus inversiones y no centrarse en el corto plazo.
- **Diversificación:** Conviene diversificar las inversiones para minimizar el riesgo asociado con una sola inversión.
- **Conocimiento de la industria:** Es básico tener un conocimiento profundo de la industria en la que se desea invertir y observar sus tendencias.
- **Reputación de la empresa:** En caso de invertir en franquicias, la reputación de la empresa y su historial de éxito en la industria es algo importante a evaluar.
- **Fuentes de financiamiento:** Para determinar su solvencia a largo plazo, los inversionistas deben evaluar las fuentes de financiamiento de la empresa y su estructura de deuda.

NORTEAMÉRICA COMO REGIÓN COMERCIAL MUNDIAL

Estados Unidos ha firmado varios tratados de libre comercio con otros países de todo el mundo con el objeto de fomentar el comercio y las inversiones; por ejemplo, el Acuerdo Transpacífico de Cooperación Económica, con Japón y otros países de la región Asia-Pacífico, o el tratado con Corea del Sur. Con ellos se busca reducir las barreras y permitir a las empresas de Estados Unidos acceder a mercados más grandes y diversificados, y a los inversionistas de otros países invertir en el mercado estadounidense. Claro que estos no han estado exentos de controversia y debates sobre sus efectos en la economía estadounidense y en los trabajadores estadounidenses.

Uno de los acuerdos más importantes es el Tratado de Libre Comercio de América del Norte (TLCAN), firmado entre Estados Unidos, Canadá y México, que ha sido clave para el comercio y las inversiones entre estos países.

Norteamérica, compuesta por Estados Unidos, Canadá y México, es una de las regiones más importantes del mundo en lo que respecta a comercio e inversiones. Estados Unidos es la economía más grande del mundo y es un importante centro de negocios y finanzas. Es además uno de los mayores importadores y exportadores de bienes y servicios del mundo.

Tanto Canadá como México son importantes socios comerciales de Estados Unidos. Canadá es un relevante productor de materias primas, como petróleo, gas natural y madera, y México representa un importante destino para las inversiones extranjeras.

Norteamérica es una economía grande y dinámica conocida por su infraestructura de transporte y logística altamente desarrollada, lo que la hace atractiva para las empresas que desean establecerse en el mercado global. Además cuenta con una población grande y altamente escolarizada, lo que la hace atractiva para inversionistas que busquen una fuerza laboral muy capacitada.

Otros factores a considerar al emprender un negocio

- **Planificación y estrategia:** Antes de emprender es importante tener una visión clara y un plan detallado para alcanzar el éxito. Esto incluye la definición de objetivos, el análisis de la competencia y la identificación de las fortalezas y debilidades de la empresa.

- **Financiamiento:** El financiamiento es clave para iniciar y mantener un negocio. Los emprendedores pueden considerar, según su situación concreta, una variedad de opciones, como préstamos bancarios, financiamiento por inversionistas, *crowdfunding* y subvenciones gubernamentales.
- **Infraestructura y recursos humanos:** Los emprendedores, tomando en cuenta sus circunstancias particulares, deben considerar qué recursos humanos e infraestructura necesitan para iniciar y mantener el negocio, como oficinas, equipos, empleados, etcétera.
- **Mercado y demanda:** Los emprendedores deben investigar y entender las necesidades y preferencias de los clientes potenciales de su producto o servicio específico para poder satisfacer sus necesidades de manera efectiva.
- **Regulaciones y leyes:** Es fundamental conocer y cumplir todas las regulaciones y leyes pertinentes, como fiscales, laborales, medioambientales o de protección de datos personales, según la industria en la que se desenvuelva cada iniciativa.

LIDERAZGO, UN ASPECTO CLAVE PARA EMPRENDEDORES E INVERSIONISTAS

El liderazgo es un aspecto clave para el éxito de cualquier emprendimiento o inversión. Un líder fuerte puede motivar a su equipo, establecer una dirección clara y tomar decisiones estratégicas que impulsen el crecimiento y el éxito de la empresa o la inversión a largo plazo.

Además, un líder efectivo debe inspirar confianza a inversionistas, empleados y otras partes interesadas. Tiene que saber comunicar claramente su visión y objetivos, y trabajar de manera colaborativa con otros líderes y miembros del equipo.

El liderazgo también es importante para la toma de decisiones. Un buen líder debe saber analizar situaciones y tomar decisiones informadas, hacer frente a los obstáculos y actuar de manera proactiva para lograr sus objetivos.

Un buen ejemplo de liderazgo empresarial en Estados Unidos es el de Steve Jobs. Fue conocido por su visión revolucionaria, su capacidad para motivar a su equipo y su estilo de liderazgo innovador y fuera de lo común.

Después de cofundar Apple en 1976, Jobs lideró la compañía a través de una serie de altibajos, entre ellos una mala administración y una salida de la compañía en 1985. Sin embargo, regresó en 1997 y lideró a Apple en un camino de éxitos y productos revolucionarios, como el iMac, el iPod y el iPhone.

Bajo la dirección de Jobs, Apple se convirtió en una de las compañías más valiosas del mundo, y su impacto en la industria tecnológica fue profundo. Jobs tenía una visión clara y una pasión por la innovación; su capacidad para motivar a su equipo y tomar decisiones audaces y arriesgadas ayudó a construir una marca y una cultura empresarial sólidas y duraderas.

La historia de Steve Jobs demuestra cómo el liderazgo de un emprendedor puede ser la clave para el éxito empresarial en Estados Unidos. Su visión, su pasión por la innovación y su capacidad para motivar a su equipo fueron cruciales en la construcción de una de las compañías más exitosas y revolucionarias de todos los tiempos.

Capítulo 9

Primeros pasos para emprender

Ninett Vielma, Tax & Pro Business Consulting

Empezar un negocio en Estados Unidos es una idea emocionante y retadora, especialmente para un extranjero, pero más allá de las ganas o el impulso que se tenga como emprendedor, es necesario desarrollar un pensamiento de crecimiento, ser constante, disciplinado, resiliente y, sobre todo, estar correctamente informado de los requisitos mínimos para emprender y evitar incurrir en errores con consecuencias graves. Por lo mismo, es necesario conocer todas las partes involucradas en la creación y desarrollo de una empresa, desde los fundamentos legales, la base contable y el sistema administrativo, hasta el manejo adecuado de empleados, proveedores y clientes que asegurarán un funcionamiento seguro de la inversión.

Antes de dar el primer paso es básico investigar sobre el área en la que se desea trabajar. Por lo general, siempre hay un amigo o familiar que lo ha hecho antes y que anima a otros a emprender. Sin embargo, no todos los negocios son iguales, no hay experiencias y soluciones universales que se adapten a todos los negocios. Lo que funciona para unos no necesariamente funcionará para otros. Cada emprendimiento tiene sus propios colores, matices y dificultades.

Por eso, el mejor camino para emprender es buscar el apoyo de un profesional que indique la mejor forma de emprender minimizando errores y garantizando el uso eficiente del tiempo y de las oportunidades. Esto al final se traduce en ganancias, ahorros y disminución de pérdidas.

Una vez se tenga la información fundamental para iniciar un negocio en Estados Unidos, se sugiere seguir los pasos detallados a continuación, los cuales corresponden a las mejores prácticas comprobadas por expertos en el campo del emprendimiento en Estados Unidos, y que cada inversor deberá adaptar según su negocio.

DEFINIR EL PRODUCTO

Una buena forma de aterrizar ideas es hacer una lista de habilidades y gustos, así como de los sectores económicos que se conocen. Por lo general, cada sector tiene diferentes nichos. Si el inversor logra ingresar a uno que entienda perfectamente y, sobre todo, que le guste, tendrá ya un buen porcentaje de éxito asegurado.

En este punto es importante definir si se quiere emprender desde cero, o si se prefiere comprar una franquicia o un negocio que ya esté funcionando. Ambas opciones son completamente válidas. La segunda ahorrará tiempo y dinero, y probablemente vendrá con acceso a mentores que ya han transitado el mismo camino y aprendido lecciones para tener un negocio exitoso. Sin embargo, en estos modelos de negocio hay que pagar regalías, de tal manera que el inversor nunca obtiene el 100% de las ganancias, y siempre está sujeto a las normas y regulaciones de la propia franquicia, por lo que no existe la libertad de hacer el negocio 100% a su gusto.

En caso de comprar una empresa en funcionamiento, se deberá realizar un análisis del negocio, del balance de pérdidas y ganancias, y, por supuesto, de cómo opera. Es importante estar informado sobre lo que se adquiere y cómo se planea evolucionar.

REALIZAR UN ESTUDIO DEL MERCADO

Como hemos visto en el capítulo anterior, hacer una investigación del mercado es sumamente importante, pues dirá si hay una oportunidad real para convertir la idea en un negocio exitoso. Además, eso permitirá conocer si hay una demanda insatisfecha en el lugar donde se planea emprender, y vislumbrar si el proyecto tendrá aceptación entre el público. Una de las informaciones más valiosas que da el estudio es conocer a la competencia, saber qué empresas del rubro operan en el área donde se establecerá el negocio, y ver cómo hacen ellos el trabajo o servicio. Esto ayudará a encontrar el elemento diferenciador de cada negocio, generando una ventaja competitiva.

Para tener una buena idea del mercado están las siguientes preguntas:

- **Demanda:** ¿Hay un deseo por el producto o servicio?
- **Tamaño del mercado:** ¿Cuántas personas estarían interesadas en la oferta?
- **Indicadores económicos:** ¿Cuál es el rango de ingresos y la tasa de empleo?

- **Ubicación:** ¿Dónde viven los clientes y hasta dónde puede llegar el negocio?
- **Saturación del mercado:** ¿Cuántas opciones similares ya están disponibles para los consumidores?
- **Precios:** ¿Cuánto pagan los clientes potenciales por alternativas como esta?

Para obtener orientación sobre cómo decidir y qué métodos vale la pena usar para el análisis de mercado, la Agencia Federal para el Desarrollo de la Pequeña Empresa (SBA, por sus siglas en inglés) brinda servicios de asesoramiento. Más información está disponible a través de su página web: www.sba.gov.

Además de tener un análisis competitivo, el estudio de mercado servirá para saber cómo compiten las empresas por sus clientes. Esto es clave tanto para definir una ventaja competitiva como para crear ingresos sostenibles en el tiempo. Ese análisis debe hacerse para cada línea de servicio y segmento de mercado que abarque la inversión, pues cada uno tiene sus propios identificadores. Algunos aspectos a evaluar son:

- Cuota de mercado
- Fortalezas y debilidades (análisis FODA)
- Ventana de oportunidad para entrar en el mercado
- Importancia del mercado objetivo para los competidores
- Barrera que pueda obstaculizar el ingreso al mercado
- Competidores indirectos o secundarios que puedan afectar el éxito

Una herramienta útil en la investigación es el uso de «datos y tendencias» o estadísticas. Existen fuentes confiables que proporcionan información de clientes y mercados sin costo alguno. Las estadísticas gratuitas están disponibles para ayudar a los posibles propietarios de pequeñas empresas a evaluar sus negocios. Algunos portales donde se puede investigar y obtener estadísticas generales sobre negocios son:

https://www.census.gov/naics/
https://www.usa.gov/statistics
https://www.census.gov/
https://cbb.census.gov/

ESCRIBIR EL PLAN DE NEGOCIOS

No hay problema si el panorama de negocios no parece completamente claro. Al escribir un plan de negocios las ideas irán tomando forma y cobrando sentido, ya que el plan lleva a pensar incluso en lo que antes no estaba en el radar. Un buen plan de negocios no solo guía al inversor a través de cada etapa de inicio y administración: también le servirá como una hoja de ruta sobre cómo estructurar, administrar y hacer crecer el nuevo negocio.

No hay una manera correcta o incorrecta de escribir un plan de negocios. Lo importante es que el plan satisfaga las necesidades del negocio y el inversor. Se piensa que el plan de negocios debe ser extenso, pero no es así: puede hacerse un plan efectivo en una sola hoja.

Hay diferentes formas de elaborar un plan de negocios. En internet se consiguen plantillas gratuitas descargables. Lo más importante es que el plan cubra al menos estos aspectos:

- **Asociaciones clave:** son todos los otros servicios o negocios necesarios para realizar un negocio, como proveedores, fabricantes, subcontratistas y socios estratégicos similares.
- **Actividades clave:** enumera las formas en que la empresa obtendrá una ventaja competitiva. Destacando el cómo vender directamente a los consumidores o usar la tecnología para aprovechar la economía compartida.
- **Recursos clave:** enumera cualquier recurso que pueda crear valor para el cliente. Entre los activos más importantes podría estar el capital intelectual o la propiedad intelectual. Aquí se pueden aprovechar los recursos comerciales disponibles para emprendimientos hechos por mujeres, veteranos de guerra, etcétera.
- **Propuesta de valor:** consiste en crear una estrategia para distinguir al negocio de sus competidores. Se trata de destacar en qué es mejor el negocio y cómo va a beneficiar eso a las personas que utilicen sus servicios o productos. Esta deberá ser una declaración clara y convincente sobre el valor único que la empresa aporta al mercado.
- **Relaciones con los clientes:** describe cómo interactuarán los clientes con el negocio. ¿Es automatizado o personal? ¿En persona o en línea? Aquí habrá que pensar en la experiencia del cliente de principio a fin.
- **Segmentos de clientes:** se enfoca un mercado objetivo. El negocio no será para todos; es importante tener una idea clara de a quién servirá el negocio y cuál será el nicho de mercado.
- **Canales:** las formas o canales de comunicación más importantes que usará el negocio con sus clientes. La

mayoría de las empresas utilizan una combinación de canales y los optimizan con el tiempo.

- **Estructura de costos:** la pregunta más importante es: ¿la empresa se centrará en reducir costos o maximizar el valor? Esta pregunta es clave, ya que la estrategia a seguir es completamente diferente dependiendo de la opción que se elija. En líneas generales, se recomienda maximizar el valor del producto en lugar de abaratarlo, pues se corre el riesgo de perder calidad. Aquí se enumeran los costos más significativos que enfrentará el negocio, discriminando los costos fijos y variables para tener una idea sobre la cual trabajar cuando se requiera ajustar la estructura.

- **Flujo de ingresos:** explica cómo la empresa ganará dinero o cuáles serán sus canales de ingresos. Algunos ejemplos son las ventas directas, las tarifas de membresía y la venta de espacios publicitarios. Si la empresa tiene múltiples fuentes de ingresos, habrá que enumerar todas.

Tener un plan de negocios puede ayudar a obtener financiamiento o atraer nuevos socios comerciales. Los inversores quieren sentirse seguros de que verán un retorno de su inversión, y el plan de negocios es la herramienta que se utiliza para convencerlos de trabajar o invertir en una empresa.

FINANCIAR EL NEGOCIO

Iniciar un negocio cuesta dinero. Por lo tanto, la decisión de financiar un negocio es una de las primeras y más importantes que toma la mayoría de los dueños de negocios. Sin embargo, la forma en que se elija financiarlo podría afectar la estructura y administración del negocio. Hay que determinar la cantidad de fondos necesarios, decidir si se autofinanciará el negocio o se buscará una entidad de préstamo, si se obtendrá capital de riesgo de inversores, si se echará mano del *crowdfunding*, si se usarán programas de inversión de la sba, etcétera.

Hay numerosas maneras de financiar una empresa, entre ellas: reinversión para empresas emergentes (el uso de fondos de retiro), préstamos personales, tarjetas de crédito, préstamos con garantía hipotecaria, líneas de crédito y préstamos de amigos o familiares. Si bien estos son los tipos más frecuentes de financiación personal, hay que considerar buscar otras oportunidades de financiación disponibles en el estado e incluso en el condado donde esté ubicado el negocio.

ALGUNAS OPCIONES FRECUENTES DE FINANCIAMIENTO COMERCIAL

Los préstamos y microcréditos de la Small Business Administration (sba, Administración de Pequeñas Empresas) de Estados Unidos ofrecen muchas oportunidades financieras para iniciar una pequeña empresa. En su página web hay más información: https://sba.gov/loans-grants.

Si bien el gobierno federal generalmente no otorga *subsidios* para iniciar o expandir un negocio, determinadas empresas, en especial las de alta tecnología, investigación o desarrollo, pueden calificar para recibir un subsidio gubernamental para pequeñas empresas a cargo de los programas Small Business

Innovation Research (SBIR, Investigación para la Innovación en Pequeñas Empresas) y Small Business Technology Transfer (STTR, Transferencia de Tecnología para Pequeñas Empresas). Algunos subsidios comerciales están disponibles a través de programas estatales y locales, organizaciones sin fines de lucro y otros grupos. El portal del gobierno es una gran herramienta para buscar oportunidades financieras federales y estatales. Para información sobre opciones de financiamiento gubernamental está https://www.usa.gov/funding-options.

El capital de riesgo es un tipo de inversión que brinda financiamiento a cambio de acciones o propiedad parcial de la empresa. Los inversores de capital de riesgo y las firmas invierten en empresas emergentes que ofrecen la posibilidad de obtener ganancias a cambio de una participación en la empresa, con el riesgo de que no hay garantía de que la empresa obtendrá dichas ganancias. Mientras que las firmas de capital de riesgo tienden a tener muchos consultores experimentados para ayudar a orientar un nuevo negocio, también tienden a asumir funciones más activas de consultoría y administración.

Los inversores ángeles son personas que otorgan capital a empresas emergentes a cambio de mayores tasas de rendimiento de la inversión de las que podrían obtener en el mercado de valores, bonos o bienes raíces. Tienden a ser una buena opción para muchas empresas emergentes, porque la diligencia debida suele ser rápida y, por lo general, facilitan la inversión en una suma global. Al igual que las firmas de capital de riesgo, los inversores ángeles pueden querer asumir una función activa en las decisiones comerciales clave.

Garantías de cumplimiento de obligaciones contractuales. Una garantía de cumplimiento de las obligaciones contractuales es un documento firmado entre el contratista y la empresa garante que asegura al titular del proyecto que cumplirán el contrato. Si el contratista no cumple sus obligaciones, la empresa garante debe buscar otro para completar el proyecto o compensar al titular del proyecto por la pérdida financiera. La SBA ofrece un programa de garantías de cumplimiento de obligaciones contractuales para propietarios de empresas pequeñas y emergentes.

ELEGIR LA UBICACIÓN DEL NEGOCIO

Elegir una ubicación comercial no es una decisión fácil. Es imprescindible investigar cuál es el mejor lugar, siempre basándose en el plan de negocios.

La mayoría de las empresas eligen una ubicación que ofrezca la mejor exposición posible a los clientes, pero existen factores adicionales y menos evidentes que también hay que tener en cuenta al momento de seleccionar una localización. Entre los más importantes están los impuestos, las leyes de zonificación y las regulaciones a las que estará sujeta la empresa.

Elegir correctamente el estado, e incluso la ciudad y el condado, donde se quiere operar será una decisión estratégica. Si el negocio va a tener una sede física, contratar empleados, etc., se recomienda crear la empresa en el estado donde se vaya a operar, ya que habrá responsabilidades fiscales con ese estado por el solo hecho de operar ahí. Esto no quiere decir que si se quiere hacer negocios en ese estado con una empresa registrada en un estado diferente no se pueda. Se podrá hacer, pero habrá que registrar esa empresa en el estado donde se vaya a operar y mantener la empresa en ambos estados, por lo que incrementará la estructura de costos.

Otro factor a considerar para dicha elección será la ubicación del mercado objetivo, socios comerciales e, incluso, las preferencias personales del inversor. También se deben considerar los costos, beneficios y restricciones de las diferentes agencias gubernamentales, incluyendo salarios mínimos pagados, valores de propiedad, tarifas de alquiler, tarifas de seguro comercial, servicios públicos, licencias y tarifas gubernamentales.

Algunos factores a tener en cuenta al elegir la ubicación de un negocio

- **Imagen de la marca:** ¿La ubicación es coherente con la imagen que se desea tener?
- **Comodidad para el cliente:** ¿Se puede acceder con facilidad?
- **Competencia:** ¿Las empresas que lo rodean son complementarias o competidoras?
- **Mercado laboral local:** ¿El área tiene empleados potenciales? ¿Cómo será el desplazamiento de los mismos al trabajo?
- **Plan para el crecimiento futuro:** Tal vez valga la pena buscar un edificio que tenga la oportunidad de obtener espacio adicional.
- **Proximidad con los proveedores:** Es importante que los proveedores también puedan encontrar la empresa con facilidad.
- **Seguridad:** Considerando la tasa de criminalidad de la zona, ¿los empleados y los clientes se sentirán seguros al estar solos en el edificio o al caminar hacia sus medios de transporte?
- Regulaciones de urbanismo: Verificar si la ubicación propuesta funcionará en la zona designada.

En Estados Unidos los vecindarios generalmente están zonificados según su uso, que puede ser comercial o residencial. Las ordenanzas de zonificación pueden restringir o prohibir por completo que ciertos tipos específicos de negocios operen en un área. También existen ordenanzas locales de zonificación, que pueden aplicarse incluso a negocios basados en el hogar; así, si se compra, alquila, construye o planea trabajar en una propiedad física para el negocio, hay que asegurarse de que cumpla con los requisitos locales de zonificación.

Como veremos en capítulos siguientes, en Estados Unidos hay varios niveles de impuestos: estatal, condado y ciudad. Entre los impuestos más comunes están el impuesto sobre la renta, el impuesto sobre las ventas, el impuesto a la propiedad, los impuestos corporativos… y todos ellos pueden variar significativamente de un lugar a otro. De hecho, algunos estados son conocidos por crear entornos fiscales amigables para ciertos tipos de empresas. Por esta razón, las empresas tecnológicas, las instituciones financieras y los fabricantes tienden a concentrarse en ciertas áreas del país.

Algunos gobiernos estatales y locales ofrecen créditos fiscales especiales para pequeñas empresas y otros programas de incentivos y beneficios. A menudo están relacionados con la creación de empleo, la eficiencia energética, la reurbanización urbana y la tecnología. Para más información, se pueden visitar las oficinas locales o los sitios web de la SBA, los Centros de Desarrollo de Pequeñas Empresas, los Centros de Negocios para Mujeres, y las páginas del gobierno estatal y local. El gobierno federal también ofrece beneficios a las pequeñas empresas que tienen contratos con el gobierno y están radicados en áreas subutilizadas. Se puede verificar el programa de

Zonas Comerciales Históricamente Subutilizadas (HUBZone) para ver si el negocio calificaría para el acceso preferencial a las oportunidades de adquisiciones federales.

Claro que la ubicación de un negocio podría pasar a un segundo plano si la empresa no tendrá sede física o venderá productos virtuales o intangibles, tales como asesorías, cursos, etc. En este caso se puede elegir el estado que ofrezca mayores beneficios fiscales a menor costo.

Por último, al elegir una ubicación se deberá registrar a la empresa con dos direcciones:

- **Dirección comercial**: el domicilio en el que se realiza la operación de la compañía. Debe ser una dirección física, no oficina virtual ni PO Box.
- **Dirección postal:** el domicilio en el que una empresa recibe correspondencia. Puede ser una dirección física (y ser la misma que la dirección comercial), oficina virtual o PO Box.

ELEGIR UN NOMBRE PARA LA EMPRESA

El nombre de una empresa será lo que recordarán sus clientes. Si resulta difícil elegir el nombre de la empresa, hay algunos portales gratuitos que pueden ayudar con esa tarea, como BizNameWiz, Names4Brands y Shopify.

Una vez que se haya elegido el nombre de un negocio, habrá que adherirse a él. Llegará un momento en la vida de la empresa en que enfrentará una crisis de identidad, bien por un cambio de producto, de marketing, de estrategia o algún otro aspecto fundamental de la empresa, como el branding, el logotipo o simplemente el enfoque del negocio. Sea como sea, hay que tratar de no cambiar el nombre, pues puede crear malestar en los clientes. Además, el IRS, el estado y demás entidades gubernamentales reconocen a una empresa por su nombre.

Recomendaciones para elegir el nombre del negocio

- **Claro y descriptivo:** El nombre de la empresa debe vender la identidad de la marca.
- **Memorable:** Es importante que se recuerde fácilmente.
- **Corto:** Que no requiera recordar mucha información. ¿Quién no recuerda nombres breves como Uber, IBM, Buffer o Apple?
- **Sencillo y fácil de pronunciar:** No hay que mezclar palabras para crear el nombre de una marca; el nombre no debe ser ni muy complejo ni muy común.
- **Debe ser único:** Una palabra simple como *chispa* o *martillo* hará difícil que los clientes encuentren un negocio en herramientas de búsqueda. Cada empresa debe diferenciarse bajo un nombre especial, siempre y cuando no rompa las reglas cardinales de lo *sencillo, corto y memorable*.
- **Debe ser atractivo para un público objetivo:** ¿A quiénes se está tratando de llegar? ¿Qué idioma hablan? ¿Cuál es su estilo? ¿Su edad? ¿Sus ingresos? ¿Su educación? ¿Su nivel de sofisticación? ¿Su interés? ¿Su perspectiva religiosa? ¿Su preferencia de marca?

Cada estado tiene diferentes reglas sobre los nombres permitidos para los negocios, incluso sobre el uso de los sufijos. Además, ningún estado permite registrar un nombre que ya alguien más haya registrado. Algunos estados requieren que el nombre de la entidad refleje el tipo de negocio que representa.

Una manera de proteger el nombre de una empresa es registrando la marca comercial a nivel nacional. Las empresas en todos los estados están sujetas a demandas, que pueden resultar costosas, por infracción de marcas registradas. Deben cotejarse los posibles nombres del nuevo negocio con la base de datos oficial de marcas registradas mantenida por la Oficina de Patentes y Marcas de los Estados Unidos.

DEFINIR QUIÉNES SERÁN LOS DUEÑOS DE UNA EMPRESA

Es fundamental decidir quiénes serán los dueños de una empresa; esto no solo afectará la gestión propia del negocio, sino que tendrá implicaciones fiscales, tanto en Estados Unidos como en el propio país de residencia (si fuera otro).

Además, como veremos en capítulos subsecuentes, hay algunas elecciones fiscales que solo están disponibles para residentes legales de Estados Unidos; si se está considerando tener una empresa mixta formada por ciudadanos estadounidenses y extranjeros, eso puede tener limitantes.

El establecimiento y manejo de la empresa, así como la gestión tributaria de la misma se verá a mayor detalle en capítulos siguientes.

DEFINIR EL PROPÓSITO DE LA EMPRESA

El propósito de una empresa consiste en el tipo de actividad que realizará (desarrollo de software, servicios de marketing, *e-commerce*, bienes raíces, etc.). Definirlo es necesario para la solicitud del número fiscal (EIN) ante el IRS, ya que hay que anotarlo en el cuestionario de la solicitud. Si la empresa se define inicialmente con una razón social específica y más adelante cambia de rumbo y se dedica a una actividad diferente, puede cambiarse, pero se debe informar al estado y modificar la documentación.

Por lo general, se recomienda crear las empresas con una razón social lo más amplia posible; incluso «para todas las actividades lícitas en Estados Unidos», para evitar inconvenientes en el futuro. Un propósito general suele ser lo más acertado para que la compañía no se limite a un rubro particular. No obstante, para ciertos negocios, acotarlo puede tener sentido, sobre todo si se busca captar inversionistas, pues ellos quieren tener la certeza de que la documentación establece claramente qué actividades puede realizar la compañía.

VERIFICAR SI EL GIRO DEL NEGOCIO NECESITA ALGUNA LICENCIA FEDERAL O ESTATAL

De acuerdo con la naturaleza del negocio y su ubicación, es posible que requiera de permisos y licencias federales y estatales, como permisos para operar licencias comerciales, permisos de zonificación o permisos de salubridad.

Cada estado, condado, ciudad o municipio local puede regular un negocio y exigir licencias comerciales específicas. La mayoría de las pequeñas empresas necesitan una combinación de licencias y permisos de agencias federales y estatales. Los requisitos y las tarifas varían según las actividades comerciales, la ubicación y las reglas gubernamentales. Los tipos de licencias más comunes son las comerciales, las profesionales y las certificaciones de organizaciones profesionales y acreditación. Se debe consultar con el gobierno local (condado y ciudad o municipio) para obtener una lista de las licencias y los permisos locales necesarios para iniciar un negocio. Algunas actividades comerciales requieren supervisión federal; para mayor información, se puede visitar el sitio web de la agencia correspondiente.

Algunas actividades comerciales que requieren supervisión federal

Agricultura

Bebidas alcohólicas y productos derivados del tabaco

Aviación

Pesca comercial

Producción de medicamentos

Armas de fuego, municiones y explosivos

Pesca y vida silvestre

Transporte terrestre y logística

Asesoramiento de inversiones

Transporte marítimo

Minería y perforación

Radiodifusión de televisión y radio

ABRIR UNA CUENTA BANCARIA COMERCIAL

Cuando ya se cuente con el EIN o número de identificación fiscal, es necesario abrir una cuenta bancaria comercial, con la que se podrá comenzar a recibir y pagar las cuentas de un negocio, además de que ayudará al inversor a mantenerse legalmente conforme, protegido y organizado, sobre todo a la hora de hacer la contabilidad.

Las cuentas comerciales comunes incluyen una cuenta corriente, una de ahorros, una de tarjeta de crédito y una de servicios comerciales. Las cuentas de servicios comerciales permiten aceptar transacciones con tarjeta de crédito y débito de los clientes.

Qué ofrecen las cuentas bancarias comerciales

- **Protección:** La banca comercial ofrece protección limitada de responsabilidad personal al mantener los fondos de un negocio separados de los fondos personales del inversor. Los servicios comerciales también ofrecen protección de compra para los clientes y garantizan que su información personal esté segura.

- **Profesionalidad:** Los clientes podrán pagar con tarjetas de crédito y hacer cheques a un negocio, en lugar de hacerlo directamente. Además, se puede autorizar a los empleados que manejen las tareas bancarias diarias en nombre de la empresa.

- **Preparación:** La banca comercial generalmente viene con la opción de una línea de crédito para la empresa. Esto se puede utilizar en caso de una emergencia, o si la empresa necesita nuevo equipo.

- **Poder adquisitivo:** Las cuentas de tarjetas de crédito pueden ayudar a una empresa a realizar grandes compras iniciales y ayudar a establecer un historial de crédito para la empresa.

Nunca se debe mezclar lo personal con el negocio. La recomendación más importante es mantener separados los gastos personales y los del negocio, ya que esto sería una prueba flagrante de mal manejo del negocio y perforaría el velo corporativo. Si, llegado el caso, la empresa está frente a un tribunal y se demuestra que se ha manejado mal el negocio, se habrá roto la burbuja de protección al propietario, su patrimonio quedará expuesto y podría tener que responder a las demandas con su casa, su carro y su liquidez bancaria. En pocas palabras, se perdería el propósito para el que se creó la entidad legal.

CONTRATACIÓN DE EMPLEADOS

Tarde o temprano el negocio necesitará empleados que ayuden a que la empresa siga creciendo. Cuando se decida y comience el proceso de contratación hay que verificar el cumplimiento con las principales regulaciones federales y estatales.

Para tener empleados se debe tener un número de empleador para informar de los impuestos al IRS, así como para presentar información de los empleados ante los organismos estatales. De acuerdo con el IRS, hay llevar un registro de los impuestos laborales durante al menos cuatro años.

Llevar un buen registro también puede ayudar a supervisar el desarrollo de una empresa, preparar declaraciones financieras, identificar las fuentes de ingresos, realizar un seguimiento de los gastos deducibles, preparar las declaraciones de impuestos y respaldar los asuntos informados en las declaraciones de impuestos.

Cuando se tienen empleados, se debe:

- **Retener impuestos federales sobre la renta:** Todo empleado debe entregar al empleador un certificado de exención de retenciones firmado, el formulario W-4, antes de la fecha de incorporación al puesto. El empleador debe presentar el formulario W-4 ante el IRS.

- **Realizar una declaración federal de salarios e impuestos:** Cada año los empleadores deben informar al gobierno federal sobre los salarios que se abonan y los impuestos que se retienen por cada empleado mediante el formulario W-2, declaración de salarios e impuestos. Los empleadores deben completar el formulario W-2 por cada empleado al que le pagan un salario, sueldo u otra compensación.

- **Realizar informes al seguro social:** Los empleadores deben enviar la copia de los formularios W-2 a la Social Security Administración (Administración del Seguro Social) antes del último día de febrero para informar sobre los salarios e impuestos de sus empleados correspondientes al año calendario anterior. Además, los empleadores deben enviar copias de los formularios W-2 a sus empleados antes del 31 de enero del año siguiente al periodo del informe.

Las leyes federales exigen que los empleadores verifiquen la elegibilidad de un empleado para trabajar en Estados Unidos. Los empleadores verifican la elegibilidad laboral de los empleados recientemente contratados mediante el registro en el sitio web de E-Verify patrocinado por los Servicios de Ciudadanía e Inmigración de los Estados Unidos. Para acceder a este recurso se puede visitar https://www.e-verify.gov/

EL MARKETING: UN PILAR FUNDAMENTAL PARA EL ÉXITO DE LOS NEGOCIOS EN ESTADOS UNIDOS

El mercado estadounidense es uno de los más competitivos del mundo, por lo que contar con una estrategia de marketing sólida es esencial para cualquier negocio que aspire al éxito.

El marketing es el proceso de crear, comunicar y entregar valor a los clientes con el objetivo de lograr metas comerciales. En el contexto de los negocios en Estados Unidos, el marketing debe tener en cuenta factores como la diversidad cultural, las diferencias regionales y el uso generalizado de las tecnologías digitales.

Aspectos relevantes de una estrategia de marketing para Estados Unidos

Aspecto	Descripción
Definición de la audiencia objetivo	Comprender las necesidades, deseos y hábitos de consumo de la audiencia objetivo.
Análisis de la competencia	Identificar las fortalezas y debilidades de los competidores para adaptar la estrategia.
Desarrollo de una propuesta de valor	Definir lo que diferencia a una empresa de sus competidores.
Elección de los canales de comunicación	Seleccionar los canales que mejor se adapten a la audiencia objetivo.
Medición de los resultados	Evaluar la eficacia de las campañas de marketing y realizar los ajustes necesarios.

Un asesor de marketing desempeña un papel fundamental al ayudar a las empresas a definir su audiencia objetivo y diseñar un plan de marketing personalizado para llegar a ella. Además, se enfoca en desarrollar estrategias específicas en el mundo digital, optimizando la presencia en línea mediante plataformas, redes sociales, correo electrónico y técnicas de SEO. También juega un papel crucial en la medición y análisis de los resultados de las campañas, permitiendo ajustes para una mejora continua.

Es importante reconocer que el marketing, tanto convencional como digital, es un tema vasto y fundamental que merece una atención detallada. Este abordaje es apenas una introducción a su complejidad, la cual excede las páginas de este libro.

Capítulo 10

Cómo crear una compañía: tipos de empresas y regímenes tributarios

Daniel Benhayoun & Abraham Benhayoun, The Benhayoun Law Firm

Al hablar de las distintas clases de empresas en Estados Unidos conviene tener en cuenta algunos factores. Primero, todas las compañías se crean en algún estado de la Unión Americana. Ahí toman su forma legal, y se rigen bajo las leyes de ese estado, además de las condiciones y reglas específicas según el tipo de compañía. Segundo, en Estados Unidos existen distintos regímenes tributarios, y es importante saber en cuál inscribir cada compañía para seguir las normas establecidas por el país.

TIPOS DE EMPRESAS

Los tipos de empresas estadounidenses no tienen traducciones equivalentes exactas en América Latina, a pesar de que puede haber varias semejanzas. Los tipos de empresas varían entre un estado y otro, pero en general son:

- *Corporation:* corporación; compañías cuyos nombres generalmente terminan en Corp. o Inc.

- *General Partnership:* compañías cuyos nombres general-mente terminan en GP.
- *Limited Partnership:* compañías cuyos nombres general-mente terminan en LP.
- *Limited Liability Limited Partnership:* compañías cuyos nombres generalmente terminan en LLLP (en algunos estados se llaman *Limited Liability Partnership* y sus nom-bres generalmente terminan en LLP).
- *Limited Liability Company:* compañías cuyos nombres generalmente terminan en LLC.

Además, hay otros tipos de compañías que no suelen ser ele-gidas por los empresarios extranjeros, por lo que no serán ana-lizadas a detalle:

- Compañías profesionales, limitadas a alguna actividad que requiere una licencia profesional o semiprofesional; generalmente sus nombres terminan en P. A. o PLLC.
- Compañías sin fines de lucro.
- *Sole proprietorships,* es un tipo de negocio u organización que pertenece a un solo individuo. Este es el beneficia-rio único de todas las ganancias o pérdidas, así como el responsable de todos los riesgos del negocio.
- *Fictitious name* o DBA *(doing business as),* declara que un ente operará su negocio usando un nombre de fantasía. Casi nunca es recomendable operar directamente bajo un DBA, por lo que no hablaremos sobre la misma a detalle.

Los dos tipos de empresas más comunes son *Corporation* y *Limited Liability Companies* (LLC). Por lo general, las *corporations*

tienen accionistas (o *shareholders* en inglés), que son los dueños); directores (incluso un comité o *Board of Directors*), quienes asumen la dirección de la compañía), y oficiales (*officers*),
que gobiernan el día a día de la compañía y que consisten de
un presidente, un vicepresidente, un tesorero y un secretario.
En cambio, las LLC tienen socios (*members*), que son los dueños,
y pueden ser dirigidas por ellos o por administradores (*mana-
gers*). Cada uno de estos cargos tiene obligaciones específicas.
Aunque en muchas situaciones el dueño es quien se encarga
de la dirección de la compañía y del día a día, no necesariamente debe ser él quien cumpla todas las funciones. Hay cargos que por ley deben incluirse en el registro de la compañía,
el cual es público y tiene ventajas y desventajas. Sin embargo,
dentro de los parámetros de la ley, los cargos pueden moldear-
se de acuerdo con las necesidades de cada compañía.

TIPOS DE REGÍMENES TRIBUTARIOS

El tipo de empresa que se escoge integrar es diferente y relativamente independiente al tipo de régimen tributario de la misma. Es posible, por ejemplo, que una LLC tribute como una
C-Corp., aunque esto no siempre es recomendable y dependerá de distintos factores, los cuales se exponen a continuación.

Estos son los distintos regímenes tributarios en Estados
Unidos:

- *C-Corporation:* la forma clásica de tributación de corporaciones en Estados Unidos. En esta, la empresa tributa por
  sus ganancias; aproximadamente el 21% de sus ganancias

para el gobierno federal, a la publicación de este libro. Además, dependiendo del estado en que se encuentre, la corporación puede tributar también en su estado. Por ejemplo, en Florida las *C-corps* pagan un 5.5% adicional sobre las ganancias, y si la corporación paga dividendos a los dueños, estos tendrán que tributar de forma personal por el dividendo.

- *S-Corporation:* para empresas que no tienen muchos dueños. La empresa como tal no paga el impuesto, sino que calcula los ingresos y egresos contables para computar la ganancia o pérdida para ese año, y, basándose en el porcentaje de las acciones de los dueños, reparte entre ellos la ganancia o la pérdida. Cada dueño incluirá su parte en sus propios impuestos personales. Sin embargo, este método no está disponible para extranjeros, salvo en limitadas excepciones.

- *Partnership:* parecido a un *S-Corporation*, pero sin muchas limitaciones sobre quién califica como dueño y con más flexibilidad para pactos societarios. La empresa calcula los ingresos y egresos contables para computar la ganancia o la pérdida de la compañía para ese año. Con base en el acuerdo societario, la empresa reparte la ganancia o la pérdida entre los dueños, quienes lo incluyen en sus propios impuestos. Para poder tributar como un *partnership*, la empresa requiere un mínimo de dos dueños.

- *Disregarded Entity:* un ente que se considera idéntico a sus dueños desde el punto de vista tributario, mientras que la empresa sigue siendo un ente separado desde el punto de vista legal. Puede usarse en negocios de un solo dueño.

> ### *Cómo tributar según el tipo de empresa*
>
> - *Corporation*, puede tributar como:
>   - *C-Corporation*, la opción por defecto
>   - *S-Corporation*, no disponibles para extranjeros no residentes
>
> - *General Partnership*, tributa como:
>   - *Partnership*
>
> - *Limited Partnership* y *Limited Liability Limited Partnership* / *Limited Liability Partnership* tributan como:
>   - *Partnership*
>
> - *Limited Liability Company*, puede tributar como:
>   - *Partnership*, opción por defecto si hay más de un dueño y la llc es de origen estadounidense.
>   - *Disregarded entity*, opción por defecto si hay un solo dueño y la llc es origen estadounidense.
>   - *C-Corporation*
>   - *S-Corporation*

CÓMO CREAR Y REGISTRAR UNA COMPAÑÍA

Los trámites y los requisitos para crear y registrar una compañía en Estados Unidos varían en función del estado donde esta vaya a establecerse, ya que cada estado tiene una legislación propia. No es necesario ser ciudadano estadounidense o tener una *green card* para crear una compañía en Estados Unidos, pero sí se exige tener un agente registrado en el estado de creación para que este pueda recibir los documentos legales y fiscales y las comunicaciones en nombre de la empresa.

En Estados Unidos la creación de empresas puede hacerse en línea, lo cual lo hace muy conveniente para los extranjeros. Por ejemplo, en el estado de Florida cualquier persona puede crear y registrar una LLC o una corporación a través del sitio web Sunbiz. En él, el creador de la LLC o corporación ha de registrar los llamados artículos de incorporación (*Articles of Incorporation*, en el caso de una corporación, o *Articles of Organization*, en el caso de una LLC, aunque estos nombres pueden variar según el estado). Estos deben incluir: denominación, razón social, dirección comercial, miembros y cuota de participación de cada uno, directores, etcétera. Cabe recalcar que hay que tener mucho cuidado al crear una compañía en línea, y no llamarse a engaño por lo sencillo que parece.

En la mayoría de los estados una persona es suficiente para crear una empresa. Esa misma persona puede desempeñar los cargos de presidente y secretario, y ser el único miembro del consejo de administración.

En el transcurso de varios días o semanas el Departamento de Estado o la División de Corporaciones del estado respectivo contestará a la solicitud de creación de la compañía, aceptándola o denegándola. Cuando está finalizado el registro, hay que obtener un número de identificación del empleador (EIN). Este requisito es necesario para abrir una cuenta bancaria, pagar impuestos y obtener la licencia comercial.

La empresa está obligada a presentar una declaración anual de impuestos y un informe anual de estado. También es necesario crear los documentos internos de la compañía; en ellos se determina quiénes son los dueños y cuáles son las responsabilidades, obligaciones, poderes y derechos de las partes. Una compañía sin estos documentos no está completa.

El proceso de la creación de la compañía a través de un profesional que no sea el adecuado puede ser muy peligroso. El profesional indicado para que un extranjero cree una compañía en Estados Unidos es específicamente un abogado de impuestos internacionales. No puede ser un abogado de impuestos «normal», un abogado corporativo, un abogado de bienes raíces, ni un contador; mucho menos un agente de bienes raíces o un banquero. Un abogado de impuestos internacionales está al tanto de las diferentes reglas que supone cada detalle de la creación de la compañía y sabe cómo le afecta eso al cliente extranjero en Estados Unidos, tanto desde el punto de vista legal como desde el punto de vista tributario.

Existen innumerables casos de inversionistas internacionales a quienes otros profesionales (no abogados expertos en impuestos internacionales) les crean una LLC y años después se encuentran con una cantidad de problemas que pudieron haber evitado con una simple consulta al abogado correcto. Es muy común, por ejemplo, que alguien cree la compañía y nunca declare impuestos, pues no saben que deben hacerlo; esto puede generar multas que empiezan en los 25 000 dólares anuales. Otra situación común es que se creen solamente los documentos que otorga el estado en línea y se obtenga el EIN, pero que no se hagan los documentos internos de la compañía que detallan el organigrama y las responsabilidades de las partes, sin los que la compañía no está completamente formada para asuntos legales y de impuestos. Hay situaciones incluso peores, como la de una mujer que, por crear su compañía con un abogado de bienes raíces, hizo una transacción que iba a costar 200 000 dólares en impuestos. Por suerte, en el último minuto pudo consultar a abogados expertos gracias a la insistencia de un abogado en su país de origen.

DIFERENCIAS ENTRE LLC Y CORPORACIÓN

Las *Limited Liability Companies* o LLC son muy comunes en Estados Unidos. Mientras la compañía haya estado adecuadamente capitalizada, los documentos de la compañía estén en orden y no se mezcle el dinero de los socios con el de la compañía, los socios solo tendrán que responder por las deudas de la compañía con el capital de esta, nunca con su patrimonio propio.

Una diferencia entre la C-corp y la LLC es que la LLC puede elegir entre pagar impuestos como corporación o como *partnership*, cosa que la corporación no puede. La C-corp es una entidad totalmente separada de los socios, no responden por las deudas de la empresa, pero quienes están sujetos a un doble nivel impositivo: la corporación paga impuestos y los socios declaran los dividendos recibidos de la misma de forma individual. Por lo tanto, para quien haga una C-corp a nivel federal hay una doble tasación: la corporación paga un 21% al Servicio de Impuestos Internos (Internal Revenue Service, IRS), cuando la corporación reparte dividendos a sus accionistas, estos deberán pagar un segundo impuesto que, dependiendo de los ingresos anuales del individuo, oscilará entre el 0 y el 20% si se trata de un residente fiscal, o del 30% si es un extranjero no residente, a menos que provenga de un país con un tratado de doble imposición firmado con Estados Unidos.

Una LLC que no desea aceptar su clasificación predeterminada para los efectos del impuesto federal y elige ser tratada como corporación también está sujeta a las reglas anteriores.

Una LLC que elige ser tratada como *partnership* no paga impuestos federales a nivel corporativo, sino que los ingresos se transfieren a las declaraciones de impuestos de los miembros según el porcentaje de propiedad que cada uno tenga en el negocio. La tasa varía entre el 0 y el 37%, dependiendo de la cuantía del ingreso.

¿Por qué una LLC elegiría pagar dos niveles de impuesto?
Para algunas LLC podría tener sentido elegir el tratamiento fiscal de la corporación, especialmente cuando se crean estructuras de inversión para extranjeros no residentes con objeto de disminuir o eliminar el pago del impuesto de herencia, como la estructura de la doble corporación. Esto es, una corporación *offshore* que abre una corporación estadounidense para realizar inversiones en dicho país.

Una LLC también puede tributar como C-corp cuando tiene ganancias ordinarias altas que serán reinvertidas, a los escalafones más elevados de ingresos ordinarios son superiores a los de la C-corp. Este método también puede ser usado por personas que prefieren más simplicidad en su declaración de impuestos, entre otras muchas razones.

Capítulo 11

Impuestos

Andrés Aller, Aller & Co.

IMPUESTOS: QUIÉNES PAGAN, CÓMO Y CUÁNDO

Una vez que se ha establecido el tipo de empresa que se quiere crear, es necesario entender cómo funciona el pago de impuestos en Estados Unidos, especialmente para los extranjeros, sean o no residentes. Dado que no se puede escapar de los impuestos, es fundamental tenerlos en orden y al día para evitar disgustos y minimizar costos. Para entender el sistema fiscal estadounidense será útil responder unas preguntas.

¿QUIÉN TIENE POTESTAD PARA GRAVAR A LOS CONTRIBUYENTES?

Las jurisdicciones gravan a sus contribuyentes con distintos tipos de impuestos. Tanto el gobierno federal como los gobiernos estatales y locales (condados y ciudades, por ejemplo) tienen potestad para gravar a residentes o no residentes que realicen negocios en su territorio.

El impuesto sobre los ingresos o sobre la renta (*Income Tax*) y el impuesto por excelencia en Estados Unidos son impuestos federales. Además, cada estado tiene su propia normativa respecto de la aplicación de un impuesto estatal a los ingresos. De los 50 estados, solamente Florida, Texas, Tennessee, New Hampshire, Dakota del Sur, Wyoming, Nevada, Washington y Alaska no aplican impuestos sobre la renta a los individuos. En los estados que sí lo hacen las tasas pueden ser muy altas o tan bajas como el 3%. Por ejemplo, California tiene un impuesto estatal sobre los ingresos de aproximadamente 14% y Nueva York de 11%; en Indiana, Dakota del Norte y Pensilvania es de tan solo 3%. En Nueva York también hay impuestos de la ciudad misma, como el *New York City Income Tax*, del orden del 3%, que se suma al 11% de impuesto estatal y al correspondiente porcentaje del impuesto federal.

En todos los casos, los ingresos considerados son prácticamente los mismos, aunque para ser gravado a nivel estatal o local debe existir una fuente generadora de ingreso en la jurisdicción que pretende imponer un impuesto adicional al federal. También hay ciertas deducciones y ajustes que dependen del nivel de gobierno que esté gravando al contribuyente.

¿QUÉ TIPOS DE IMPUESTOS EXISTEN?

Income Tax

El impuesto a los ingresos sobre la renta o *Income Tax* es el principal impuesto del país. Grava los ingresos netos de los negocios e individuos. Más adelante se hablará de él en detalle.

Sales Tax

El *Sales Tax* es un impuesto a las ventas, tanto estatal como local. Grava las ventas o el uso de bienes cuando estos son vendidos al consumidor final, según las definiciones de cada estado, condado o ciudad. En el caso de un revendedor, es decir, quien compra mercancía para vendérsela a un tercero, se puede solicitar el *Resale Certificate of Sales Tax*, con el cual, al entregarlo al vendedor, uno se libera de que le facturen el *Sales Tax*, pero está obligado a verificar si en el momento de vender corresponde sumar *Sales Tax* o no. De esta manera, los productos solo se gravan en la última etapa de la cadena de valor agregado, al llegar el bien a su destino final y consumo o uso.

Property Tax

El impuesto a la propiedad suele ser un impuesto establecido por el condado o ciudad donde se encuentran los inmuebles. Su valor se determina en una valuación (*assesment*) que realiza el organismo recaudador y luego se le aplica un porcentaje. Suele ser bastante directo y simple, y no requiere que se prepare una presentación de impuestos.

Estate and Gift Tax

El impuesto a la herencia y a los regalos grava la transmisión gratuita de bienes. El impuesto a la herencia grava a la fecha de la muerte los activos netos de los individuos. En el caso de los ciudadanos o residentes fiscales, se gravan todos sus activos en el país o en el exterior, aunque el valor neto a partir del cual se paga el impuesto es de aproximadamente 12 millones de dólares, con lo cual no es un tema que preocupe a gran parte de la población.

Ahora bien, es importante aclarar que, en el caso de los no residentes, el activo neto a partir del cual se debe pagar el impuesto a la herencia son 60 000 dólares. Esto sí es una preocupación para quienes tienen activos domiciliados en Estados Unidos que superen ese valor en el momento de la muerte (no solo en el momento de la adquisición). Entonces, es importante planear adecuadamente qué previsiones se deben tomar para reducir y minimizar el impacto fiscal.

IMPUESTO A LOS INGRESOS O SOBRE LA RENTA (INCOME TAX)

En esta sección se explica paso a paso el impuesto a los ingresos o sobre la renta, que es el más importante y temido de todos. De entrada, hay que hacer algunas distinciones adicionales.

Individuos o negocios

Se pueden distinguir dos tipos de declaraciones de impuestos típicas. Por un lado están las presentaciones del denominado formulario 1040, que es la presentación de impuestos sobre los ingresos de los individuos. Por otro lado están las presentaciones de negocios, para las que suelen usarse el formulario 1120 (presentación de impuestos para corporaciones) o el formulario 1065 (presentación de impuestos para asociaciones o *partnerships*). Más adelante se verán en detalle estas presentaciones.

Ciudadanos estadounidenses e individuos residentes

Es importante distinguir si el individuo o negocio que presenta sus declaraciones de impuestos es residente o no residente para efectos fiscales, lo cual es distinto a su estado de residencia para efectos legales. Las personas estadounidenses son consideradas residentes fiscales. Se denomina personas estadounidenses a:

I. Ciudadanos estadounidenses y residentes extranjeros
II. *Partnerships* o asociaciones domésticas, es decir, creadas u organizadas en Estados Unidos
III. Corporaciones domésticas, es decir, creadas u organizadas en Estados Unidos
IV. Sucesiones indivisas de ciudadanos estadounidenses y residentes extranjeros
V. Fideicomisos en los que una persona estadounidense tenga control y los tribunales de Estados Unidos sean su principal jurisdicción para cualquier litigio

Se considera residente para fines fiscales a una persona extranjera cuando cumple con alguno de los siguientes dos requisitos:

• Es portador de una *green card*, la tarjeta de residencia permanente.

- Pasa la prueba de presencia sustancial. Para determinarlo hay que contar la cantidad de días que un extranjero está presente en Estados Unidos, de la siguiente manera:

  - Ha permanecido al menos 31 días en el año en curso.
  - Ha permanecido en Estados Unidos 183 días entre el año en curso y los dos años anteriores:

    - Los días en el primer año anterior cuentan por $\frac{1}{3}$ de día cada uno.
    - Los días en el segundo año anterior cuentan por $\frac{1}{6}$ de día cada uno.

Es decir, si durante el año en curso una persona estuvo 183 días en Estados Unidos, será considerada residente fiscal, lo mismo que si estuvo 120 días en el año en curso y 150 en los dos anteriores (al aplicar el cálculo da 120 días por el año en curso; el año pasado $150 \times 1/3 = 50$ netos, y el año antepasado $150 \times 1/6 = 25$ netos, y sumando $120 + 50 + 25$ nos dan 195 días, que superan el requisito de mínimo 183 días en total, además de que en el año en curso fueron más de los 31 días requeridos).

Quienes se consideran residentes para fines fiscales tributan con base en sus ingresos globales; es decir, pagan impuestos por todos sus ingresos, tanto los obtenidos en Estados Unidos como los obtenidos fuera del país. En el caso de los ingresos generados en otro país se podrán computar los créditos por impuestos pagados en él, y existen algunas alternativas para excluir los ingresos de fuente extranjera.

Individuos no residentes

Son considerados no residentes para fines fiscales los extranjeros que no cumplan con las condiciones antes mencionadas o las entidades legales con registro en el extranjero. Los no residentes solo serán gravados por sus ingresos de origen estadounidense. En esta situación el código tributario identifica tres tipos de ingresos y las condiciones que se deben cumplir:

1. *Effectively Connected Income with a Trade or Business in USA*

Los ingresos efectivamente conectados con una actividad comercial o negocio en Estados Unidos se suelen definir como toda actividad o conjunto de actividades que se llevan a cabo dentro del país para obtener un beneficio. Los ingresos derivados de este tipo de actividad se consideran gravados en Estados Unidos.

Por lo general, dichos ingresos se derivan de tener un negocio en Estados Unidos, inversiones en bienes inmuebles u otros tipos de ingresos por un negocio con actividad dentro de la Unión Americana.

Estos ingresos se encuentran gravados con las tasas aplicadas a las personas, según indica el siguiente cuadro.

Tablas de tasas del impuesto sobre la renta para individuos
Actualmente hay siete tramos de impuestos federales sobre la renta: 10, 12, 22, 24, 32, 35 y 37%. La escala impositiva de 2023 se basa, para efectos de la declaración de impuestos, en el ingreso sujeto a impuestos y el estado civil.

Escalas impositivas para solteros – 2023

Tasa	Ingreso sujeto a impuesto	Impuesto adeudado
10	0-11 000	10% del ingreso sujeto a ompuesto
12	11 001-44 725	1 100 más 12% del monto sobre 11 000
22	44 726-95 375	5 147 más 22% del monto sobre 44 725
24	95 376-182 100	16 290 más 24% del monto sobre 95 375
32	182 101-231 250	37 104 más 32% del monto sobre 182 100
35	231 251-578 125	52 832 más 35% del monto sobre 231 250
37	578 126 o más	174 238.25 más 37% del monto sobre 578 125

Escalas impositivas para casados presentando en conjunto – 2023

Tasa	Ingreso sujeto a impuesto	Impuesto adeudado
10	0-22 000	10% del ingreso sujeto a impuesto
12	22 001-89 450	2 200 más 12% del monto sobre 22 000
22	89 451-190 750	10 294 más 22% del monto sobre 89 450
24	190 751-364 200	32 580 más 24% del monto sobre 190 750
32	364 201-462 500	74 208 más 32% del monto sobre 364 200
35	462 501-693 750	105 664 más 35% del monto sobre 462 500
37	693 751 o más	186 601.50 más 37% del monto sobre 693 750

El impuesto a las ganancias de capital puede ser gravado a la tasa del 0%, 15% o 20% para la venta de activos a un plazo mayor a un año. Para las ventas de activos por un periodo menor al año, se aplican las tasas de impuestos federales sobre la renta, según lo indicado en las tablas anteriores.

Escalas Capital Gain Tax - 2023

Status	Tasa de impuesto 0%	Tasa de impuesto 15%	Tasa de impuesto 20%
Soltero	0-44 625	44 626-492 300	492 301 o más
Casado presentando en conjunto	0-89 250	89 251-553 850	553 851 o más

2. FDAP *Income*

El FDAP es un tipo de ingreso definido por el Código Fiscal estadounidense, a saber, los ingresos obtenidos por un extranjero que sean fijos, determinables, anuales o periódicos. Estos serán gravados en Estados Unidos cuando se hayan originado en dicho país.

I. Los *fijos* son pagos de montos predeterminados.

II. Los *determinables* son pagos de montos que cuentan con una base de cálculo.

III. Los *anuales* son pagos realizados el mismo día todos los años.

IV. Los *periódicos* son pagos realizados cada cierto tiempo, sin importar si los intervalos son regulares o no.

Caen en este rubro los cobros de intereses, dividendos, pensiones, regalías, sueldos, jornales, anualidades, remuneraciones y otros tipos de ingresos que se generan en Estados Unidos y se pagan a una persona no residente. Se puede observar que todos los tipos de ingresos que no se clasifican como efectivamente conectados con un negocio en Estados Unidos serán ingresos FDAP. Para este tipo de ingresos se suele aplicar directamente un *Withholding Tax* del 30 por ciento.

3. Capital Gain Tax

Por otro lado, generalmente los ingresos derivados de ganancias de capital, definidos como el resultado generado entre el valor de adquisición de un bien y la venta neta final, no es gravado en Estados Unidos. Así, por ejemplo, en los mercados financieros no se encuentra gravado el resultado de la compraventa de acciones de sociedades estadounidenses.

Existe una excepción a estas ganancias de capital para no residentes cuando son resultado de una compraventa de inmuebles o de compraventa de participaciones en *partnerships* que tengan un negocio o actividad comercial en Estados Unidos. Para estos casos, que se configura el concepto de *Effectively Connected Income with a Trade or Business in USA*, las ganancias de capital serán gravadas a las tasas correspondientes según lo indicado en el cuadro anterior.

¿POR QUÉ ES TAN IMPORTANTE IDENTIFICAR EL TIPO DE INGRESO Y LA FUENTE DEL INGRESO?

En esta sección se ha analizado cómo se gravan las diferentes actividades en Estados Unidos dependiendo de si el contribuyente se considera residente fiscal o no. Se ha analizado también el tipo de ingresos y sus orígenes: es muy importante definir si se originaron en Estados Unidos o en el exterior, así como identificar si se trata de un ingreso por negocios o un ingreso FDAP.

A los ciudadanos y residentes estadounidenses se les gravan los ingresos sin importar si se originaron en Estados Unidos o en el exterior, pero si se originan en otro país y se han pagado impuestos en él, la adecuada asignación del ingreso y del impuesto pagado en el exterior permitirá aplicar el *Foreign Tax Credit,* o crédito por impuestos pagados en el exterior, con el que se podrá reducir o eliminar la posible doble imposición.

Para los individuos y negocios no residentes será importante determinar si existe un negocio o una fuente de ingresos en Estados Unidos, pues en tal caso deberán tributar ahí.

Determinación de la fuente de ingreso para no residentes según el IRS

- Intereses: con base en la residencia del pagador
- Dividendos: con base en la residencia del pagador
- Honorarios por prestación de servicios: con base en el lugar donde se desarrollan las actividades
- Alquileres y regalías: con base en la ubicación del inmueble o la localidad donde se utiliza el intangible

- Ventas
  - Inmuebles y activo fijo: con base en la ubicación de la propiedad o el activo
  - Otros activos (que no sean mercancía): con base en la residencia del vendedor
  - Mercancía
    - De reventa: con base en donde se venda
    - Producida: con base en donde se produzca

FORMULARIOS Y MECÁNICA DE LIQUIDACIÓN DE IMPUESTOS

Con lo presentado hasta aquí se puede comprender qué actividad se encuentra gravada o no, quiénes pagan gravámenes dependiendo de su condición de residencia y cuándo a un no residente se le cobran impuestos según la actividad que realice. A continuación se expondrán las fechas y momentos importantes, así como la mecánica para liquidar los impuestos. Para esto vamos a considerar las formas típicas de hacer negocios en Estados Unidos.

Individuos estadounidenses o residentes - formulario 1040

La fecha de cierre del ejercicio fiscal para los individuos es el 31 de diciembre de cada año. La fecha de vencimiento para la presentación del F1040 y pago del *Income Tax* es el 15 de abril del año siguiente. Para esta fecha se debe haber ingresado el impuesto en su totalidad, o de lo contrario pueden aplicarse multas e intereses. Es posible solicitar más tiempo para presentar el formulario 1040; la solicitud de extensión es automática una vez que se haya enviado la solicitud, y el plazo de presentación se extiende seis meses más, es decir, hasta el 15 de octubre.

Individuos no residentes - formulario 1040NR

La fecha de cierre del ejercicio fiscal para los individuos no residentes es el 31 de diciembre de cada año. La fecha de vencimiento para la presentación del F1040NR y pago del *Income Tax* es el 15 de junio del año siguiente. Para esa fecha se debe haber ingresado el impuesto en su totalidad, o de lo contrario puede haber multas e intereses. Es posible solicitar más tiempo para presentar el formulario 1040NR. La solicitud de extensión es automática una vez que se envíe la solicitud y el plazo de presentación se extiende seis meses más, es decir, hasta el 15 de diciembre.

Partnerships - formulario 1065 / formulario 8804/8805

La fecha de cierre del ejercicio fiscal para las *partnerships* o sociedades suele ser el 31 de diciembre de cada año, pero podría tener una fecha de cierre distinto, sujeta a algunas condiciones particulares de los socios. La fecha de vencimiento para la presentación del F1065 es el 15 de marzo del año siguiente. Las sociedades no suelen pagar impuestos por sí solas, sino que emiten lo que se llaman Formularios K1, mediante los cuales asignan las pérdidas y ganancias a los socios, y son los socios quienes tributan. Este tipo de pago de impuestos, donde quien paga no es la entidad, sino los socios, se suele llamar *Pass Through* o tratamiento transparente. Vale la pena mencionar que si la *partnership* cuenta con socios extranjeros, debe generar los formularios 8804 y 8805. El formulario 8804 es la liquidación de impuestos retenidos de la sociedad. Es decir, las *partnerships* tienen la obligación de identificar si sus socios son considerados no residentes. En caso positivo, se debe identificar la ganancia efectivamente conectada con un negocio en Estados Unidos y aplicar la tasa máxima del impuesto para cada uno de los tipos de ganancias gravadas.

Por ejemplo, si obtuve una ganancia ordinaria proveniente de la renta anual de un inmueble, la sociedad deberá retener una tasa del 37% sobre el resultado fiscal determinado. En caso de obtener una ganancia de capital por la venta de un inmueble, la sociedad retendrá la tasa del 20% sobre la ganancia de capital.

Estas retenciones serán un crédito que los socios no residentes contarán en el momento de presentar su declaración de impuestos, y si tienen ganancias a las que se aplique una tasa inferior, recibirán un reembolso según corresponda.

Para el 31 de marzo de cada año se deberá ingresar el impuesto en su totalidad, o de lo contrario puede haber multas e intereses. Es posible solicitar más tiempo para presentar los formularios 1065 y 8804. La solicitud de extensión es automática una vez que se envíe la solicitud y el plazo de presentación se extiende seis meses más, es decir, hasta el 15 de septiembre.

Corporaciones - formulario 1120

Las corporaciones son sujetas de impuestos por sí solas; es decir, a diferencia de las *partnerships* y las *S-Corporations* (donde son los socios quienes pagan los impuestos, no la entidad), la corporación es el obligado por el impuesto, que recae en su cabeza. La fecha de cierre del ejercicio puede variar entre un año calendario o un año fiscal de 12 meses o 53 semanas. La fecha de vencimiento del *Income Tax Return* será el 15° día del 4° mes siguiente a la fecha de cierre de ejercicio. En el caso de corporaciones con cierre de ejercicio el 31 de diciembre de cada año, el formulario 1120 vence el 15 de abril o el día hábil siguiente del año próximo.

El *Income Tax* para las corporaciones es de 21% sobre el resultado neto fiscal, determinado de acuerdo con las normas fiscales estadounidenses. En la planificación fiscal de este tipo societario es fundamental considerar que cuenta con doble tributación; es decir, la corporación tributa sus ganancias a la tasa de 21%, que por sí sola es bastante reducida. Por otro lado, los dividendos que paga son gravados en cabeza de quienes lo reciben. En el caso de un residente estadounidense, los dividendos aplicarán las ganancias de impuestos ordinarios; en el caso de un no residente, estará sujeto a una retención del 30% sobre el monto bruto.

De esta manera, siempre habrá que evaluar a qué efectos queremos utilizar una corporación. Para ciertos negocios, poder mantener una tasa de impuestos baja es lo preferible, para poder acelerar el crecimiento. Para otros, donde lo que se busca es retirar dinero con el fin de generar una renta vitalicia, podría ser una estructura altamente ineficiente.

¿CÓMO SE IDENTIFICA AL CONTRIBUYENTE?

Social Security Number

El *Social Security Number* (SSN) es emitido por la Social Security Administration y solo pueden obtenerlo ciudadanos estadounidenses o extranjeros con determinadas condiciones migratorias, incluyendo los extranjeros bajo ciertos tipos de visa de no inmigrante, como se ha visto en el capítulo 1. El número contiene nueve dígitos y tiene el formato XXX-XX-XXXX.

Employer Identification Number

El *Employer Identification Number* (EIN) consta de nueve dígitos que el IRS asigna en el siguiente formato: XX-XXXXXXX. Sirve para identificar a contribuyentes que son empleadores y a algunas otras entidades legales, como sociedades, corporaciones, asociaciones y otras entidades de negocios, y los denominados *estate* (asimilables a sucesiones indivisas) y *trusts* (asimilables a fideicomisos).

Cómo solicitar el EIN

Para solicitar el EIN es necesario completar el formulario SS4, que pide información como la siguiente:

- Nombre de la entidad legal que solicita el EIN: el que se encuentra en el certificado de formación de una empresa, los artículos de incorporación o los estatutos de la entidad legal. Es de suma importancia que el nombre indicado en el ssn sea el mismo que aparece en los documentos de registro en el Departamento de Estado o, tratándose de una entidad extranjera, la agencia de control que corresponda.

- Domicilio de correspondencia y del negocio: el lugar al que el irs enviará la carta de asignación del ein, el CP575 Letter. Será asimismo el domicilio registrado en el irs para notificar al contribuyente de manera fehaciente. Será importante entonces mantenerlo siempre actualizado y verificar que podamos recibir la correspondencia sin problema. No es indispensable que el domicilio de correspondencia sea el mismo del negocio, ni que se encuentre en Estados Unidos, aunque es recomendable que el domicilio de correspondencia sea el de su residencia estadounidense, o bien contratar algún servicio de correo dentro del territorio.

- Nombre de la persona responsable e Identificación Fiscal de la misma: el irs exige que quien complete y firme el formulario SS4 sea una persona responsable de la entidad, es decir, alguien que controle, administre o dirija la entidad legal solicitante y pueda disponer de sus fondos o activos. Si en algún momento es necesario cambiar al responsable de la entidad legal, se puede pedir al irs actualizar los datos mediante el envío de un formulario especial.

- Información sobre la entidad legal:
  - Cantidad de socios
  - Clase de entidad
  - Fecha de cierre de ejercicio
  - Actividad principal del negocio

Por lo general, está información es la que viene definida en los artículos de formación de la empresa, como el *operating agreement*, los *bylaws* o los estatutos de la entidad legal.

¿Cuánto demora el EIN?

Los tiempos de entrega del EIN varían; dependen, por lo general, de la carga de trabajo que tenga el IRS.

Si la persona responsable tiene un SSN, la solicitud del EIN puede hacerse *online* y el número se recibe al instante: en el momento de aceptar la solicitud, el IRS emite el EIN. Se puede guardar la constancia, que se emite en archivo PDF.

Si la persona responsable no tiene un SSN, la solicitud del EIN debe hacerse por carta o por fax. En esta situación, que normalmente es la de un extranjero no residente en Estados Unidos, la asignación del EIN suele demorar de 10 a 15 días hábiles. Como comprobante de la asignación del número se puede recibir un fax en respuesta al fax enviado, o directamente la carta CP575, que llegará al domicilio de correspondencia registrado.

Individual Taxpayer Identification Number

El *Individual Taxpayer Identification Number* (ITIN) es un número de procesamiento de impuestos que emite el IRS a ciertos individuos residentes y no residentes, así como a sus cónyuges y dependientes. Es un número de nueve dígitos que empieza con el número 9 y tiene dos números intermedios. El formato es igual al del SSN: XXX-XX-XXXX.

El ITIN solo se asigna a personas que requieran un número de identificación tributario para efectos fiscales, pero que no tienen SSN y no son elegibles para obtenerlo. El IRS lo emite para poder procesar sus declaraciones de impuestos y así ayudarles a cumplir con las leyes tributarias. El ITIN sirve únicamente para fines fiscales y es independiente de la situación migratoria o laboral de quien lo solicita. Es decir:

- Un ITIN no autoriza a trabajar en Estados Unidos ni permite obtener los beneficios del seguro social.
- Un ITIN no es número válido de identificación fuera del sistema tributario estadounidense.
- Un ITIN no modifica el estatus migratorio.

¿Cuándo se necesita el ITIN?

Necesitan el ITIN quienes no tienen ni pueden obtener un SSN, pero requieren un número para presentar una declaración de impuestos federal en Estados Unidos, son declaradas como cónyuge o dependiente en una declaración de impuestos, o algún otro motivo tributario. Algunas situaciones en las que se necesita un ITIN son:

- Cuando existe un tratado tributario entre el país del residente extranjero y Estados Unidos, y con el ITIN podría tributar a tasas más bajas en Estados Unidos.
- Para reclamar un reembolso a través de la presentación de una declaración jurada.
- Para un residente estadounidense (para fines fiscales) que requiere presentar una declaración de impuestos, pero no puede acceder a un SSN.

- Para un cónyuge no residente de un ciudadano o residente estadounidense, para que se consideren algunas deducciones adicionales.
- Para un no residente que pueda registrarse como dependiente en la declaración de impuestos de un ciudadano o residente, por lo general hijos menores de edad, hijos con una discapacidad, personas mayores y otras que se pueda demostrar que están a cargo del contribuyente.

Cómo solicitar el ITIN

Para solicitar un ITIN se debe completar y presentar el formulario W7, al que hay que adjuntar una declaración de impuestos o, en caso de solicitarse con una excepción, la documentación requerida por la normativa. Se necesita incluir también la documentación de identidad aceptada en original o copia certificada.

Hay dos agentes autorizados por el IRS que están entrenados y preparados para trabajar con este tipo de solicitudes: el *acceptance agent* y el *certifying acceptance agent*. El primero está autorizado a preparar el W7 y representar al contribuyente ante la ITIN Office, oficina encargada de verificar la solicitud y asignar el ITIN. En este caso, deben adjuntarse a la solicitud los documentos utilizados para validar la identidad de la persona y que la persona es extranjera.

El inconveniente de este tipo de solicitud es que los documentos deben remitirse al IRS por correo, y sólo al término de tres o cuatro meses, cuando esté asignado el ITIN, el IRS enviará de vuelta el pasaporte y demás documentación de identidad al domicilio de correspondencia registrado en la aplicación. Sin embargo, el correo en América Latina no es tan eficiente ni tan seguro como dentro de Estados Unidos, así que no es raro que los documentos no vuelvan porque se pierden o que demoren mucho tiempo.

El *certifying acceptance agent* (CAA) está entrenado y autorizado por el IRS a asistir en la solicitud del ITIN y verificar los documentos de identificación personal. Como puede certificar su autenticidad, completitud y precisión, puede evitar que la documentación tenga que viajar al IRS, con lo que ya no se corre el riesgo de que la documentación se pierda en el camino, además de los inconvenientes de no tener el pasaporte a nuestra disposición.

Para solicitar el ITIN hay que completar el formulario W7 con la siguiente información:

Motivo de la solicitud. Este puede ser:

- Ser un no residente o un residente solo para fines fiscales que requiere presentar una declaración de impuestos federales.
- Ser un no residente que solicita un tratado de doble imposición
- Ser cónyuge o dependiente de un ciudadano o residente estadounidense
- Ser un estudiantes, profesor o investigador no residente
- Otras razones basadas en una excepción
  - Las excepciones más comunes son:
    - Ser socio de una entidad legal
    - Tener una cuenta bancaria o de inversión que genera ingresos de origen estadounidense
    - Tener inmuebles u otros activos que generen una renta pasiva
    - Por FIRPTA

Los documentos necesarios para solicitar el ITIN son:

- *Nombres y apellidos completos*
- *Domicilio de correspondencia y domicilio en el exterior*
- *Fecha y lugar de nacimiento*
- *Ciudadanía*
- *Documentos presentados* (de estos se requiere entidad emisora, número y fecha de vencimiento)
  - Es importante considerar que el pasaporte vigente permite validar la identidad y la condición de extranjero por sí solo.
  - Si no se cuenta con pasaporte vigente, se pueden verificar la identidad y la condición de extranjero con dos de los siguientes documentos vigentes:
    - Licencia de conducir
    - Documento de identidad nacional
    - Visa estadounidense
    - Acta de nacimiento

Una vez llenada la solicitud y reunida toda la documentación de soporte, se debe hacer el envío del paquete a la ITIN Office, a la que le tomará de ocho a 13 semanas procesar la aplicación. Cuando se haya aprobado la asignación del número, se recibirá una carta con el ITIN en el domicilio de correspondencia.

Capítulo 12

Otra manera de emprender: las franquicias

Jaime Sánchez, Interlink FBC
José Mauricio Bello, Bello Business Law
Marcelo Schamy, MS Orbis Consulting
Nangelin Angulo, Setbetter

LAS FRANQUICIAS, UN NEGOCIO ESTABLE

Una de las muchas maneras de iniciar un negocio en Estados Unidos es adquirir un porcentaje de un negocio previamente establecido, también conocido como una franquicia.

Las franquicias son un tipo de negocio en el que una empresa (la franquiciadora) otorga a un tercero (el franquiciado) el derecho de utilizar su marca, productos, servicios y sistema de operaciones a cambio de un pago inicial y una cuota regular. En esencia, el franquiciado compra el derecho de utilizar una marca y un modelo de negocio exitoso y comprobado, lo que puede ayudar a reducir los riesgos de la inversión. Una encuesta realizada por el Departamento de Comercio de Estados Unidos reveló que ocho de cada 10 proyectos independientes fracasan antes de 10 años, mientras que nuevo de cada 10 franquicias siguen operando al cabo del mismo periodo.

Hoy en día todo el mundo está familiarizado con las empresas franquiciadas, desde las más grandes cadenas de comidas rápidas hasta las más pequeñas, como las dedicadas al paseo y cuidado de mascotas. Este tipo de inversión es la opción más segura para quienes tienen capital inicial y quieren adentrarse en el mundo de los negocios tomando menos riesgos, ya que la comunidad de las franquicias representa más de 800 000 millones de dólares en ventas anuales (o casi el 40% de todas las ventas minoristas).

Ventajas de las franquicias

- **Modelo de negocio comprobado.** Al comprar una franquicia el franquiciado tiene acceso a un modelo de negocio exitoso y comprobado, lo que puede reducir los riesgos de la inversión y aumentar las posibilidades de éxito.
- **Formación y apoyo.** La mayoría de las franquiciadoras ofrecen capacitación y apoyo continuo a los franquiciados, lo que les ayuda a desarrollar y operar sus negocios de manera más efectiva.
- **Marca reconocida.** Muchas franquicias son marcas conocidas y establecidas, lo que puede ayudar a atraer clientes y aumentar las posibilidades de éxito.
- **Acceso a recursos y tecnología.** Al ser parte de una red de franquicias, los franquiciados tienen acceso a recursos y tecnología que de otra manera podrían no estar disponibles para ellos.
- **Escalabilidad.** La estructura de las franquicias permite una mayor escalabilidad, lo que significa que los empresarios pueden expandir su negocio a través de múltiples ubicaciones con mayor facilidad.

Las franquicias siempre tienen el respaldo de la empresa principal, la cual es responsable de capacitar al inversionista sobre el modelo de negocio bajo el cual se deberá trabajar, además de proporcionar las ventajas de una imagen ya creada, y de darle la asistencia técnica que requiera.

A cambio de esto y además del capital para invertir de forma inicial, el franquiciador debe estar dispuesto a pagar un pequeño porcentaje de las ganancias como cuota de regalías (alrededor de 6%, ya calculado en los resultados que presenta la marca en sus documentos legales).

En Estados Unidos, donde a veces parece que ya está todo inventado, invertir en franquicias es una opción relativamente segura. Esto se consigue gracias a que las franquicias aseguran más ingresos al inicio del proyecto que un negocio convencional, pues los clientes llegan a la franquicia por el nombre ya reconocido, sin necesidad de invertir más tiempo y dinero en establecer credibilidad que un negocio completamente nuevo.

LA OPERACIÓN

Una primera distinción que se debe hacer es que se trata de adquirir el negocio, no el bien inmueble o bien raíz en el cual este funciona. Es decir, no se trata de comprar el local comercial donde funciona el comercio, sino de comprar el fondo de comercio, es decir, el cúmulo de tangibles e intangibles (incluyendo el derecho a la locación o alquiler del correspondiente local comercial) con los cuales funciona el negocio. Comprar el bien inmobiliario o raíz es otro tema (legal y de negocio).

La operación típica consiste en la adquisición de los bienes tangibles e intangibles de negocio en marcha, ya funcionando, con relaciones de clientela ya establecidas. Se trata de la muy usual *assets purchase* (adquisición de bienes). Alternativamente se encuentra la no tan usual adquisición de la compañía (o corporación), es decir, de la persona jurídica (persona moral) que a la vez es la propietaria de la operación del fondo de comercio. No es tan usual porque, si bien implica una facilidad documental para implementarla, la adquisición de la persona jurídica conlleva necesariamente asumir no solo los activos, sino necesariamente también los pasivos, y de esta forma es una operación que puede conllevar a riesgos adicionales, a veces ocultos.

Una gran ventaja de este tipo de operación es que al empresario que adquiere le permite estar ya en operación, al frente de su nuevo negocio, al día siguiente (llave en mano) del cierre de la compraventa.

EL MERCADO

Florida ofrece un mercado muy activo en el que se ofrecen negocios de toda naturaleza: el restaurante, la pizzería, la heladería, el centro de fotocopiado, la franquicia de preparación contable y de impuestos, la oficina de correos privados o encomiendas, la fábrica o la venta de muebles, la boutique de ropa y mucho más. Actualmente no resulta difícil encontrar estas oportunidades, ya que los corredores de negocios (*brokers*) trabajan de manera coordinada con bases de datos donde están consolidadas las búsquedas de negocios en venta y es muy fácil realizar una búsqueda en plataformas *online*. En un par de horas el empresario, trabajando en forma conjunta con su corredor de negocios, podrá tener una idea rápida de lo que ofrece el mercado, con todo y los parámetros económicos correspondientes.

Hace años un experimentado empresario que asistía a un seminario sobre estos temas preguntó: «¿Por qué tanta gente en Estados Unidos está interesada en vender sus negocios? Si fueran exitosos, no querrían venderlos». En Estados Unidos, y particularmente en Florida, existe un mercado efervescente en el que a diario se ofrecen, se compran y se venden negocios ya en marcha. Eso no implica necesariamente que no sean rentables o exitosos. Una de las posibles razones es el crecimiento «aceleradísimo» de la economía de los Estados Unidos y del sur de Florida. En los últimos 20 años se ha visto cómo donde antes había 20 millas de autopista flanqueada por campos baldíos con «vacas fiscales», ahora hay zonas desarrolladas con grandes centros comerciales y de entretenimiento, con decenas de miles de nuevas viviendas.

LOS ACTORES

Los participantes básicos en este tipo de operación son el corredor de negocios (*broker*), el abogado y un asesor contable y fiscal.

El corredor es el encargado de encontrar y presentar al cliente las distintas oportunidades que se encuentran en el mercado. Su comisión la paga normalmente la parte vendedora, aunque pueda estar trabajando para el comprador. El *broker* puede ser un aliado importante para el empresario, pero su función no es asesorar en aspectos legales o en la estimación del valor del negocio. Una vez que una operación ha comenzado, el objetivo del corredor será cerrar (a toda costa) la operación, pues de tal cierre depende su comisión. Él no redacta ni prepara documentos. Con mucha frecuencia trabajan en forma paralela dos corredores de negocios: el de la parte compradora y el de la parte vendedora.

El abogado se encarga de la preparación de documentos y de asegurarse de que el comprador no esté comprando pasivos o riesgos legales. La parte compradora debe siempre hacerse acompañar y representar por un abogado. La parte vendedora también es asistida por un abogado, pero la gestión del abogado de la parte compradora es mucho más intensa que la del de la parte vendedora. Es importante señalar que no puede haber un único abogado asistiendo y preparando documentos en forma supuestamente neutra para ambas partes, pues a él no solamente le corresponde la labor técnica de preparar documentos, sino la de ser celoso vigilante de los derechos e intereses de su cliente. El abogado debe trabajar para el cliente, nunca para el corredor. Su función no es cerrar la operación a toda costa, sino asesorar al cliente en cuanto a posibles riesgos legales de la operación y tratar de mitigarlos. Él no recibe comisión por la operación, pues eso supondría un inaceptable conflicto de interés.

El asesor contable y fiscal asiste al cliente para evaluar las prácticas administrativas, fiscales y contables del negocio para poder determinar si este es viable desde el punto de vista económico, así como para detectar si ha seguido buenas prácticas y si existen riesgos de auditorías fiscales que pudieran afectarlo en el futuro. El asesor contable y fiscal revisa números, cuentas y declaraciones fiscales, y es fuente de información y análisis fundamental para la decisión final del cliente en cuanto a seguir adelante con el negocio o no.

Vale la pena recalcar que mientras que los corredores de franquicias se dedican específicamente a encontrar la franquicia adecuada al perfil de cada inversionista, los corredores de negocios operan en un contexto más amplio, facilitando la venta de negocios existentes en diversas industrias. Cada uno desempeña un papel crucial en sus respectivas áreas, ayudando a emprendedores e inversionistas a alcanzar sus objetivos de adquisición de negocios.

Capítulo 13

Inversiones inmobiliarias

Andrés Aller y Marina Martí, Aller & Co.

Daniel Benhayoun y Abraham Benhayoun,
The Benhayoun Law Firm

Gastón Schneider & Nilda Gauna, QKapital Group

COMPRAR UNA PROPIEDAD EN ESTADOS UNIDOS

Invertir en bienes raíces en Estados Unidos no es difícil si se hace con el asesoramiento adecuado y de la mano de profesionales expertos en la materia. Lo primero a destacar es que las inversiones inmobiliarias, especialmente en materia tributaria, difieren en función de si quien las hace es un ciudadano estadounidense o no. De ahí la importancia de evitar seguir los consejos de amigos o familiares.

Este capítulo explica los pasos de realizar una inversión inmobiliaria, específicamente en el estado de Florida. Otros estados tienen diferentes estructuras, por lo que se recomienda buscar el asesoramiento y la guía de un profesional especializado en inversiones inmobiliarias en el estado en el que se desea invertir, y/o un especialista en inversiones hechas por personas que no sean nacionales o residentes de Estados Unidos.

¿Cómo se efectúa una transacción relacionada con bienes inmuebles una vez que se ha firmado un contrato de compraventa?

El siguiente cronograma es un ejemplo general de la compra de una propiedad de inversión en efectivo en Florida, sin hipoteca. Recordemos que puede haber variaciones significativas, sobre todo en propiedades comerciales:

1. Días 1-3: Ambas partes envían el contrato a sus respectivos abogados para su revisión, y el comprador efectúa el primer depósito en una cuenta de depósitos en garantía (*escrow account, trust account* o *IOLTA account*).

2. Días 1-15: El comprador tiene tiempo para realizar ciertas inspecciones de la propiedad con el fin de asegurarse de que está en buenas condiciones. Efectúa el segundo depósito, si lo hubiera.

3. Días 15-30: La compañía o el agente de títulos lleva a cabo diferentes investigaciones relacionadas con la propiedad, tales como:

   a. Evaluar el título de propiedad, para asegurarse de que es legítimo y no existe ninguna obligación o gravamen sobre la propiedad.

   b. Comprobar que no haya deudas con la ciudad por conceptos como agua corriente, alcantarillado, infracciones, etc., que después puedan dar lugar a cargas o gravámenes.

   c. Confirmar con la asociación que administre el edificio o la subdivisión, si la hubiera, que no haya deudas o pagos pendientes.

   d. Tratándose de viviendas unifamiliares que no forman parte de un condominio, obtener un reconocimiento (*survey*) que detalle los límites de la propiedad.

4. Días 30-45: Se determinan las cantidades de las que cada una de las partes es responsable de acuerdo con lo estipulado en el contrato de compraventa. El vendedor proporciona los documentos originales para que pueda transferirse el título y el comprador deposita en la cuenta de garantía los fondos pendientes, para que en el momento del cierre pueda otorgarse la escritura de compraventa al comprador y el vendedor pueda recibir el precio estipulado, previa deducción de los gastos correspondientes.

CUÁNDO Y POR QUÉ PEDIR LA PARTICIPACIÓN DE UN ABOGADO

Además del agente inmobiliario (*real estate agent*), quien ayuda a buscar propiedades para invertir y lleva a cabo las negociaciones iniciales entre comprador-vendedor, es importante solicitar el asesoramiento profesional de un abogado especializado en bienes raíces. Es cierto que las compañías de título pueden ser de ayuda al cerrar una operación, pero la presencia de un abogado de derecho inmobiliario es altamente recomendable.

El abogado está sujeto a unas reglas especiales de conducta y ética que, si bien pueden variar en función del estado donde está habilitado para ejercer su profesión, lo obligan a tener dos deberes fundamentales con su cliente: un deber de lealtad completa, que requiere que los abogados eviten conflictos de interés personal, y un deber de confidencialidad, de modo que no podrá revelar ninguna información protegida por el privilegio abogado-cliente. El abogado puede cumplir varias funciones a lo largo de la transacción: puede ocuparse de la redacción y tramitación de la documentación, revisar todos los documentos y contratos, representar al comprador durante las negociaciones para asegurar su protección legal, actuar como fiduciario administrando activos en nombre del comprador, etcétera.

Una encomienda frecuente a los abogados especializados en transacciones de bienes inmuebles es que revisen los acuerdos y contratos redactados por los agentes inmobiliarios. Hay que subrayar que los agentes inmobiliarios no pueden brindar asesoramiento legal; de ahí la importancia de que un abogado con experiencia revise esos documentos, en particular si se trata de propiedades comerciales; hay cláusulas que, de no ser analizadas adecuadamente, podrían tener costosísimas implicaciones en un futuro.

Un abogado puede orientar a su cliente sobre los tipos de propiedad que más le benefician (como la tenencia conjunta o comprar la propiedad a nombre de una LLC o corporación) y redactar la oferta de compra con base en ello. Puede también examinar los términos bajo los que se retiene el depósito de un cliente y recuperarlo si la transacción no llega a consumarse. Contar con un abogado especializado en inversiones inmobiliarias desde el inicio protege al inversor ante cualquier imprevisto.

EL SEGURO DE TÍTULO

En Estados Unidos se encarga del cierre de las transacciones de bienes raíces el agente de cierre (*closing agent*), quien usualmente actúa también como agente de seguros de títulos. El agente de cierre es responsable de que la propiedad se transfiera legalmente del vendedor al comprador. Su trabajo consiste en verificar que el título de la propiedad que se vende sea válido y legítimo.

Para eso debe hacer una búsqueda detallada del título de propiedad en los registros públicos y confirmar que el vendedor es el propietario legítimo del inmueble, que no existen hipotecas, gravámenes, impuestos pendientes u otros problemas que puedan comprometer la propiedad, y que no haya restricciones a las que pueda estar sujeto un nuevo dueño. Esa búsqueda revelará posibles problemas y dará la oportunidad de corregirlos.

Aun así, puede ocurrir que se omita algo y aparezcan futuras reclamaciones sobre la propiedad. Por eso es importante proteger la inversión con un seguro de título (*title insurance*), que protege al nuevo propietario contra reclamaciones a causa de problemas de propiedad que existieran antes de que la comprara, pero que no se conocían en el momento de la operación (por ejemplo, una reclamación de propiedad por un heredero del anterior propietario no revelado que reclama su parte de la herencia, o que al dueño anterior se le hubiera hecho un trabajo en la casa y el contratista o proveedor de materiales reclame años después que se le debe dinero por los materiales). La póliza de seguro de título no protege contra defectos del título que aparezcan después de la fecha de la póliza.

En la mayoría de los estados, entre ellos Florida, el agente de cierre (un abogado o una compañía de títulos) actúa también como agente de seguros de títulos, de modo que, además de ocuparse del cierre de la transacción, emite la póliza de seguro del propietario, que protegerá al inversionista contra futuras reclamaciones sobre la propiedad. La aseguradora defenderá el título, o le pagará al comprador el monto asegurado, a elección de la aseguradora.

El seguro de título cuesta aproximadamente un 0.5% del precio de compra de la propiedad y se paga solamente una vez. A quién le corresponda pagarlo depende de las costumbres locales, pero como regla general le toca a la parte que elige al agente de cierre.

El agente de cierre también puede mantener las cuentas de depósitos en garantía (*escrow accounts*), donde están todas las sumas necesarias para llevar a cabo el cierre. El agente o compañía que preste los servicios de *escrow* se encarga de recibir la señal o depósito inicial, el segundo depósito (si fuera necesario), el préstamo hipotecario del banco o la cantidad que el comprador ha de entregar al vendedor, etc. El vendedor también puede aceptar depositar dinero en tal cuenta para reparaciones o para pagar impuestos pendientes. En muchos estados las funciones de *escrow* las realizan las compañías de títulos; en otros, un abogado.

Los compradores normalmente se sienten más seguros si envían los fondos a sus abogados y no a un agente inmobiliario o a una compañía de títulos. Además, prefieren pagar a una sola persona para que realice toda la transacción, en lugar de pagar por separado a un agente de cierre, un agente de *escrow* y un agente de seguro de título.

CUENTAS DE DEPÓSITOS EN GARANTÍA

La cuenta de depósitos en garantía cumple una función importante, ya que aporta una capa extra de seguridad para las transacciones de bienes raíces y da mayor confianza al proteger los intereses de cada parte cuando ambas cumplen lo acordado: el comprador sabe que si el vendedor incumple lo pactado se le devolverá el dinero que ha depositado; el vendedor tiene garantizado el cobro del precio de venta si él cumple con sus obligaciones.

Escrow es un término con el que los compradores y vendedores de bienes raíces deberían estar muy familiarizados. Se refiere a un tercero independiente de las partes, quienes aceptan que ese tercero custodie temporalmente dinero, documentos o algún otro valor relacionado con la transacción hasta que ambas partes hayan cumplido con sus obligaciones. Cualquier operación sobre bienes raíces se beneficia de una mayor confianza y transparencia.

La cuenta de *escrow*, de carácter instrumental o accesorio, sirve para asegurar el cumplimiento del contrato de compraventa de un bien inmueble. El agente de *escrow* no puede utilizar los fondos enviados a una de estas cuentas para sus propios fines, sino de acuerdo con las directrices dadas por el comprador y el vendedor, quienes establecen las condiciones en las que podrán liberarse los fondos depositados. Una vez que se han ejecutado todos los documentos necesarios para completar la transacción, el agente de *escrow* desembolsa los fondos a las partes correspondientes, siempre conforme a lo establecido en el contrato de compraventa. En caso de disputa sobre las cantidades depositadas existe un mecanismo legal en virtud del cual es el juez quien decide a qué parte ha de entregarse el depósito: *interpleader.*

Nunca envíe dinero a una cuenta sin estar absolutamente seguro de que lo está enviando a la cuenta correcta y a la persona correcta. Los estafadores se hacen pasar por abogados o agentes inmobiliarios, dan al comprador instrucciones para la transferencia a la supuesta cuenta de depósito en garantía, retiran ese dinero y desaparecen. Siempre verifique las instrucciones de la transferencia directamente con su banco o con el agente de cierre.

FORMAS DE ADQUIRIR UN TÍTULO DE PROPIEDAD

Hay muchas formas de ostentar el título sobre la propiedad de un bien inmueble en Estados Unidos, cada una con sus ventajas, desventajas y normativas específicas. Todos los inversores, y particularmente los que no son ciudadanos estadounidenses, deben asesorarse sobre la modalidad más conveniente para sus intereses.

Formas más comunes de adquirir un título de propiedad:

- Una persona en nombre propio.
- Más de una persona ostentando el título en común.
- Más de una persona en tenencia conjunta con derecho de supervivencia.
- Como marido y mujer.
- En nombre de una LLC estadounidense.
- En nombre de una corporación estadounidense.
- En nombre de una LLC extranjera.
- En nombre de una corporación extranjera.

- En nombre de un *trust* revocable.
- En nombre de un *trust* irrevocable.
- Escritura Lady Bird.

Para fines de este libro, cabe señalar la diferencia entre comprar a nombre propio como persona individual o a través de una entidad corporativa.

Para la mayoría de los ciudadanos estadounidenses adquirir un bien inmueble como vivienda principal a nombre propio es la mejor de las opciones, dado que, a efectos tributarios, están exentas de impuesto las ganancias de hasta 250 000 dólares (o 500 000 dólares las personas casadas) por la venta de su residencia habitual. Ahora bien, en el caso de las propiedades de inversión, los nacionales o residentes de Estados Unidos sí se benefician de las estructuras corporativas, dado que pueden deducir la depreciación, reduciendo así las ganancias ordinarias, además de limitar su responsabilidad.

Para un inversor extranjero, adquirir a nombre personal la propiedad de un bien inmueble situado en Estados Unidos puede tener consecuencias negativas, pues en algún momento se le aplicará el impuesto sobre sucesiones y donaciones, un impuesto progresivo (en la actualidad el rango va de 18 a 40%) que grava la herencia o la donación de bienes.

Los nacionales y las personas domiciliadas en Estados Unidos se benefician de importantes exenciones (casi 13 millones de dólares, o 26 millones por pareja, en 2023), pero no ocurre así con los extranjeros, que únicamente tienen una exención de 60 000 dólares, aplicable a la herencia, pero no a las donaciones. Alguien que reside en Estados Unidos no necesariamente se considera domiciliado en el país para este impuesto.

Es posible evitar el pago del impuesto sobre sucesiones y donaciones incluso tratándose de personas extranjeras no residentes, siempre y cuando se haga una planificación patrimonial y sucesoria adecuada antes de efectuar cualquier inversión en Estados Unidos, en especial cuando se trata de bienes raíces. La forma más habitual es utilizar diversas entidades y fideicomisos. La figura de un abogado de impuestos especializado en inversiones internacionales es fundamental para conseguir el efecto deseado según las necesidades concretas de cada inversionista.

FIRPTA

Las preguntas más frecuentes de los compradores internacionales que pretenden invertir en bienes raíces en suelo estadounidense tienen que ver con la Ley del Impuesto Sobre Inversiones Extranjeras en Bienes Inmuebles de 1980 (FIRPTA, por sus siglas en inglés).

FIRPTA no es un impuesto, es una retención. Se trata de una ley tributaria federal que obliga al comprador a retener un 15% del valor de los ingresos brutos que el vendedor recibe por la venta o disposición de sus intereses sobre inmuebles situados en Estados Unidos cuando el vendedor no es residente. Un interés sobre bienes inmuebles en Estados Unidos incluye también la propiedad de acciones de corporaciones con intereses sobre bienes inmuebles en el país.

El vendedor tiene derecho a recuperar la diferencia entre la cantidad que le corresponde pagar de impuestos sobre la ganancia versus la suma retenida el día del cierre. Si no solicita antes de la fecha de cierre de la transacción un certificado de retención para reducir la cantidad a retener, podrá reclamar el reembolso cuando presente su próxima declaración anual de impuestos en Estados Unidos.

> Hay varias excepciones a la obligación de retención, por lo que aconsejamos a todo inversionista extranjero que pretenda vender un inmueble consultar con un abogado tributario o contable experto en la materia lo antes posible para planificar adecuadamente las estrategias que le permitan ahorrar tiempo y dinero por lo que a FIRPTA se refiere.

IMPUESTOS POR LA ADQUISICIÓN Y TENENCIA DE PROPIEDADES PARA RENTA

Las inversiones inmobiliarias difieren mucho en materias de tributación. Estas diferencias son exploradas a más detalle en el capítulo 4; aquí se dan las pautas básicas. El impuesto por excelencia es el impuesto sobre la renta de propiedades, cuya cuantía depende de la estructura utilizada para la titularidad de la propiedad de inversión:

A. Si la propiedad se adquirió a nombre propio:
1. Sobre las ganancias obtenidas por la renta (ganancias ordinarias) se paga un impuesto de entre el 0 y el 37 por ciento;
2. Sobre las ganancias de capital (esto es, las producidas como consecuencia de la venta de la propiedad), hay que distinguir si la venta se produjo antes de un año desde la adquisición del inmueble o con posterioridad:

- Antes de un año desde la adquisición: impuesto sobre las ganancias de capital de corto plazo, que es equivalente al que se paga por ingresos ordinarios (entre el 0 y el 37 por ciento);
- Con posterioridad a un año desde la adquisición: impuesto sobre las ganancias de capital de largo plazo, que es entre el 0 y el 20 por ciento.

En el cálculo de las ganancias ordinarias obtenidas por la renta se pueden deducir los gastos necesarios para la creación del ingreso, tales como las tasas sobre la propiedad, el interés de la hipoteca, la suma pagada a quien se encargue de administrar la propiedad y la depreciación de esta última. La depreciación se deduce del ingreso ordinario, pero reduce también el valor de la propiedad, de modo que cuando se venda el inmueble se pagará el impuesto sobre esa ganancia ficticia a una tasa del 25 por ciento.

Nota: Si bien desde el punto de vista del impuesto sobre la renta esta forma de poseer bienes inmuebles en Estados Unidos es conveniente, desde el punto de vista del impuesto sobre la herencia (*estate tax*) es muy poco recomendable, dado que en el momento de fallecer el propietario se debe pagar hasta un 40% del valor de la propiedad en la fecha del fallecimiento, y además hay que abrir un proceso testamentario para transferir la propiedad a los herederos.

B. **Si la propiedad se adquirió a nombre de una LLC que elige ser tratada como un** *pass through (disregarded entity o partnership)*: el impuesto será pagado por el dueño o los dueños de la LLC de la misma forma que se expone en el supuesto A. Del mismo modo, si los dueños de la LLC son inversionistas extranjeros, estos tendrán que pagar el impuesto sobre la herencia a su fallecimiento.

C. Si la propiedad se adquirió a nombre de una corporación: todas las ganancias, sean ordinarias o sean ganancias de capital, van a pagar un impuesto del 21% al gobierno federal y un impuesto estatal, que en el caso de Florida es del 5.5%. En estados como California o Nueva York el impuesto es mayor, y en otros, como Texas y Delaware (en este último, para operaciones fuera del estado), el impuesto estatal sobre la renta es del 0% para las corporaciones. Ahora bien, si el inversionista extranjero es propietario directo de la corporación estadounidense, tiene el mismo riesgo de pagar el impuesto sobre herencia en el momento del fallecimiento.

D. Si la propiedad se adquirió a nombre de una estructura con doble corporación: es decir, la persona extranjera abre una corporación *offshore* y esta a su vez crea una corporación estadounidense, que será la que figure como propietaria del inmueble, el impuesto a pagar es de 21% por la corporación estadounidense y un 30% adicional por la corporación extranjera cuando se retiran dividendos (aunque este último impuesto puede evitarse con una planificación adecuada). Esta estructura permite pagar impuestos relativamente bajos y protege al inversionista extranjero del impuesto sobre la herencia.

E. Crear un *trust* irrevocable doméstico, que a su vez abra una LLC y esa LLC sea la dueña de la propiedad de inversión es la mejor estructura para proteger al inversionista extranjero del impuesto sobre la herencia, y además permite tasas menores por ganancias de capital.

CONSIDERACIONES LEGALES PARA INVERSIONISTAS

Prepararse legal e impositivamente antes de trasladarse a Estados Unidos

Antes de iniciar cualquier trámite hay que asegurarse de tener una consulta conjunta con un abogado de inmigración y un abogado de impuestos internacionales, para que ambos indiquen cuál es la mejor opción para una situación concreta. Es muy común que, por no hacer esa consulta previa, los clientes tengan que pagar impuestos que podrían haberse evitado. El inmigrante tiende a pensar que una *green card* es siempre su mejor alternativa. Así es en la mayoría de los casos, pero en ocasiones, por la consideración de impuesto que se tiene en el país de origen y en el país de llegada, una visa de no inmigrante puede resultar más atractiva.

Cuando una persona se traslada a vivir a Estados Unidos debe pagar impuestos sobre la totalidad de sus ingresos, de modo que debe incluir en su declaración tanto las actividades realizadas en Estados Unidos como las realizadas fuera. Esto significa que deberán pagarse impuestos sobre ganancias que en muchos casos fueron generadas años atrás. De igual manera, hay que valorar las inversiones en el país de origen (locales comerciales, oficinas, departamentos, etc.). Es recomendable buscar el asesoramiento de un abogado local para acumular ganancias comerciales y pagarse dividendos antes de convertirse en extranjero residente en Estados Unidos.

La opinión generalizada de que a quien se traslada a Estados Unidos se le toma una foto financiera el día que llega al país y a partir de entonces empieza su obligación de pagar impuestos, es falsa. Es importante realizar una planificación patrimonial y financiera durante la fase previa a la migración para reducir las obligaciones tributarias futuras en Estados Unidos, algo íntimamente ligado a la planificación sucesoria, especialmente si se trata de familias con un patrimonio cuantioso. Dedicar el tiempo necesario para comprender las leyes impositivas de Estados Unidos y planificar estrategias antes de trasladarse puede traducirse en un ahorro importante, sobre todo para individuales procedentes de países con impuestos fantasma, como el tributo a ganancias cambiarias.

Pensando en el futuro. *Trust* y *will*

Es incómodo pensar cómo nos gustaría distribuir nuestros bienes y patrimonio tras un fallecimiento. Suele pensarse que la planificación patrimonial y sucesoria está reservada para «los ricos»; sin embargo, todo aquel que tiene una propiedad, dinero en una cuenta bancaria o bienes personales debería planificar su distribución, principalmente para proteger a sus seres queridos. A diferencia de América Latina, en Estados Unidos la regla general es que cualquier patrimonio de un difunto estará sujeto al proceso de sucesión testamentaria (*probate*), proceso que puede tener un impacto económico grande y ser emocionalmente agotador. No existe la opción de herencia por notario, haya o no testamento, ni siquiera si todos los herederos están de acuerdo. Por otro lado, un plan de sucesión bien hecho sí puede evitar que su patrimonio esté sujeto al proceso de sucesión testamentaria.

Una planificación patrimonial mínima puede reducir una gran cantidad de impuestos, pero además brindará tranquilidad, sobre todo si hay hijos menores de edad o dependientes con necesidades especiales. Tomar estas decisiones con anticipación evitará que un juez decida cómo distribuir el patrimonio de un individuo.

El sistema legal estadounidense contiene figuras desconocidas en América Latina que facilitan la programación patrimonial y sucesoria. Uno de esos es el *trust*, que no existe en los países de derecho civil, pero que en la Unión Americana es el eje central del *estate planning*. Se asemeja a un fideicomiso, dado que la persona que crea el *trust* (el otorgante) designa a un fideicomisario como propietario legal del patrimonio, al tiempo que designa a uno o varios beneficiarios y establece las condiciones e instrucciones de uso de los bienes del fideicomiso.

Muchas personas deciden establecer un *trust* o fideicomiso testamentario cuando el objetivo de la planificación patrimonial es evitar la legalización de un testamento, ya que permite a los herederos del fallecido tener acceso inmediato a sus activos para el pago del funeral y otros gastos.

Los *trusts* pueden ser revocables o irrevocables. El más común es el revocable, que es creado por el otorgante para su propio beneficio, ya que puede gestionarlo mientras esté con vida y lo puede modificar cuantas veces quiera. Ahora bien, no protege del pago del impuesto sobre la herencia ni da protección extra contra demandas civiles; únicamente ordena la sucesión, especificando qué debe hacerse con los bienes cuando el otorgante muera, evitando así el proceso de *probate*. En general, cuando un otorgante transfiere activos a un *trust* revocable para su propio beneficio no existe implicación fiscal en materia de donaciones, puesto que el otorgante puede revocar el *trust* en cualquier momento y conserva el control de los bienes que ha incorporado a él.

El *trust* irrevocable es un instrumento más complejo que suele utilizarse para separar patrimonios y para conseguir ciertos resultados fiscales, ya que puede rebajar e incluso evitar el impuesto sobre la herencia. Es cierto que el *trust* irrevocable concede una mayor protección contra demandas, preservando los activos frente a posibles reclamaciones de terceros, pero requiere que el control de los bienes incorporados al *trust* se transfiera a un *trustee*, que puede ser un banco, una compañía, un profesional (y, dependiendo de los detalles de la situación, también puede ser un familiar).

En la actualidad se utilizan con bastante frecuencia *trusts* de seguro de vida irrevocable (ILIT, por sus siglas en inglés), que permiten controlar mejor la planificación patrimonial. Del mismo modo, entre las familias complejas por sucesivos matrimonios son cada vez más comunes los llamados QTIP, que son *trusts* utilizados para prevenir que en un futuro el nuevo cónyuge del sobreviviente desvíe o se gaste el patrimonio, puesto que el primer cónyuge en fallecer especifica en el *trust* quién recibirá sus bienes después de que el cónyuge sobreviviente fallezca. También son comunes los *trusts* para viviendas, conocidos como QPRT, en los que es posible excluir la vivienda del patrimonio del creador, pero permiten, con ciertas condiciones, que continúe su uso.

El *will*, por su parte, es un testamento que indica cómo se debe disponer del patrimonio del testador al fallecer. Cuando alguien muere sin testamento, un tribunal debe determinar cómo se distribuyen los bienes del difunto de acuerdo con las leyes de intestado del estado. Por lo tanto, redactar un *will* es el primer paso para elaborar un plan patrimonial.

Ahora bien, un *will* por sí solo no resuelve todos los asuntos relativos a la herencia de una persona. Se aconseja acompañarlo de un *trust* para evitar un proceso de sucesión largo y costoso (gracias a que los bienes de un *trust* revocable no tienen que pasar por el proceso de validación testamentaria). Se recomienda acudir a un abogado de planificación patrimonial y a un asesor financiero para trazar una estrategia adecuada que maximice el legado patrimonial.

El testamento generalmente se acompaña de otros instrumentos de planificación del patrimonio, como los siguientes:

- Un poder legal permanente, que se usa para que la persona elegida pueda actuar en su nombre en caso de incapacidad.
- Un *living will*, que detallará el tipo de atención médica que se planea recibir cuando una persona no pueda tomar decisiones o comunicar sus deseos. También se puede designar a una persona de confianza para que tome decisiones médicas (cuidados paliativos, sondas de alimentación, asistencia respiratoria, etc.) y sobre el fin de la vida cuando el médico considere que una persona ya no es capaz de decidir por sí misma.
- Un documento que designe un tutor para un menor o un adulto incapacitado (*designation of guardian*).

Bienes en otros países: cómo impactan a quien vive en Estados Unidos

En Estados Unidos el estatus migratorio de una persona difiere de su calificación como residente a efectos tributarios. Cuando se es titular de una *green card*, o bien, se cumplen los requisitos de presencia sustancial, se deben declarar y pagar impuestos por todos los ingresos mundiales, al igual que los ciudadanos estadounidenses. En otras palabras, para un extranjero residente todos los ingresos devengados en cualquier parte del mundo están sujetos al impuesto estadounidense. También deben reportarse los bienes globales al gobierno de Estados Unidos. No declarar activos financieros que se tienen fuera del país (cuentas bancarias, cuentas de inversión, acciones de compañías, instrumentos financieros, etc.) puede ameritar multas de hasta 50% de los valores no reportados. Para esto hay diversas herramientas:

- El Informe de Cuentas Financieras en el Extranjero (*Foreign Bank Account Report*, FBAR). Se utiliza para declarar todas las cuentas financieras fuera de Estados Unidos, ya sean individuales, compartidas, o en las que simplemente haya firma o se esté autorizado como usuario, cuando la suma de los saldos máximos de todas las cuentas haya superado los 10 000 dólares en cualquier momento del año. Se trata de una declaración informativa que debe presentarse antes del 15 de abril. La persona obligada a presentar el FBAR que no lo haga puede estar sujeta a sanciones económicas o criminales, dependiendo de la severidad del caso.

- La Compañía de Inversión Extranjera Pasiva (*Passive Foreign Investment Company*, PFIC), de la que son ejemplo casi todos los fondos de inversión, fondos de pensiones y cuentas de mercados monetarios extranjeros. El accionista tiene que declarar como ingresos ordinarios ganancias anuales en el mercado de valores, es decir, sus ganancias no realizadas, por sus participaciones en el PFIC. Aparte de esto, cuando se vendan las participaciones, todas las ganancias deben ser declaradas también como ingresos ordinarios. Es un régimen sumamente oneroso que conviene evitar en lo posible.

- Las acciones de compañías extranjeras. Se consideran dividendos el reparto de una parte de los beneficios que la empresa da a los accionistas. Los dividendos que se perciban de una empresa extranjera deben incluirse en la declaración de impuestos. Hay que elaborar una estrategia adecuada para evitar el problema de la doble imposición de los dividendos extranjeros (una en el país de origen y otra en Estados Unidos). Las empresas extranjeras cuyas acciones se mantengan con un extranjero no residente pueden convertirse en *Controlled Foreign Corporation* (CFC), que están sujetas a un régimen impositivo especial. En algunos casos será conveniente cambiar la estructura societaria para evitar el régimen de CFC, por ejemplo (y dependiendo del país), convirtiendo una sociedad anónima en una sociedad de responsabilidad limitada y haciendo una elección con el IRS.

¿COMPRAR A NOMBRE DE UNA COMPAÑÍA O A TÍTULO PERSONAL?

Participar en el mercado inmobiliario de Estados Unidos significa invertir una gran suma de capital. Como en toda inversión, sin importar el país, conlleva riesgos que hay que evaluar. Los inversionistas extranjeros pueden comprar bienes raíces a su nombre o a través de varias entidades, como un fideicomiso, una corporación o una *limited liability company* (LLC). No se necesita ser ciudadano estadounidense para poder operar en el país.

En el mercado inmobiliario los riesgos se deben por lo general a los inquilinos o a desastres naturales (tormentas, huracanes, inundaciones, etc.), o a que se ha recibido un asesoramiento parcial, ya sea solo de un agente de bienes raíces, un abogado o un contador que no actúen de manera coordinada e integral, cada uno desde la esfera de su conocimiento y su campo de acción.

A la hora de invertir en bienes raíces, para saber si es mejor comprar a nombre de una compañía, un *trust* o a título personal, antes que nada debe definirse el destino del bien inmueble a comprar. ¿Será un bien de inversión para obtener renta financiera o su vivienda familiar? Dependiendo de la respuesta, hay dos caminos que un comprador de bienes raíces en Estados Unidos puede tomar: comprar el inmueble a título personal (como persona física o natural) o bien a través de una compañía (corporación, LLC o *trust*).

EL SISTEMA LEGAL DE LA PROPIEDAD INMOBILIARIA EN ESTADOS UNIDOS

El derecho de propiedad anglosajón no es un derecho codificado, como sucede por lo general en el derecho europeo continental o el latinoamericano. El derecho de propiedad en Estados Unidos es heredero del derecho inglés y este, a su vez, lo fue del sistema de propiedad feudal, cuyo aparato conceptual mezcla conceptos de derechos reales y el derecho de sucesiones. Solo así se explica la existencia de las fiducias (*trusts*) y las obligaciones contractuales impuestas a la propiedad (*covenants*), que en nuestra cultura jurídica latinoamericana son difíciles de encontrar, si no es que inexistentes.

Un ejemplo común es el *land lease* o contrato de arrendamiento de tierra, también llamado *arrendamiento de terreno,* donde el comprador solo es dueño de la casa mientras arrienda la tierra de un propietario, que podría ser un individuo o una empresa.

Asimismo, hay una gran diferencia entre los derechos y obligaciones de los copropietarios de un bien entre un sistema jurídico y otro. En Estados Unidos existen el instituto de la tenencia conjunta (*joint tenancy*) y la tenencia en común con derecho de supervivencia. La diferencia entre una tenencia conjunta y una tenencia en común es significativa. Bajo un arrendamiento conjunto con derechos de supervivencia, a la muerte del primer propietario pasa automáticamente al propietario sobreviviente. En una situación de arrendamiento en común, cada uno posee el 50% de la propiedad.

Recuerda que antes de realizar una inversión en un bien inmueble es importante asesorarse, no solo con agentes de bienes raíces sobre las cualidades de cada inmueble, sino sobre todo con abogados y contadores locales especializados en la materia.

BENEFICIOS DE COMPRAR UNA PROPIEDAD DE FORMA PERSONAL

Adquirir una propiedad a título individual supone varios beneficios:

- *Simpleza.* Comprar una propiedad personalmente es un proceso más simple y directo que hacerlo con una *company* o un *trust.* Hay menos papeleo y menos requisitos legales.
- *Costos más bajos.* Comprar una propiedad a título individual puede ser menos costoso que hacerlo con una corporación o *trust.* Hay menos tarifas y gastos asociados con la propiedad personal.
- *Financiamiento más fácil.* Puede ser más fácil obtener financiamiento para una propiedad cuando la compra un individuo personalmente, en especial si tiene un buen puntaje de crédito, un ingreso estable y planea vivir en ella. Muchos bancos se especializan en dar créditos a primeros compradores a una tasa preferencial.
- *Más control.* Cuando compra una propiedad un individuo, tiene control total sobre cómo se administra y mantiene. No tiene que preocuparse por tomar decisiones con otros miembros de una LLC.
- *Beneficios fiscales.* Existen beneficios fiscales asociados con ser propietario de una propiedad de forma personal, sobre

todo si se planea vivir en ella; por ejemplo, deducciones al pago del impuesto a la propiedad (*homestead exemption*), o la ganancia de capital a la hora de vender el inmueble.

BENEFICIOS DE COMPRAR UN INMUEBLE
A TRAVÉS DE UNA COMPAÑÍA

En Estados Unidos hay varias entidades comerciales que es común utilizar para comprar bienes raíces. Aquí nos centraremos en las corporaciones y las LLC.

- *Compañía de responsabilidad limitada (LLC).* Es la entidad más elegida a la hora de realizar inversiones inmobiliarias, pues ofrece protección de responsabilidad personal para los miembros y también flexibilidad en términos de administración e impuestos.
- *Corporación.* Las corporaciones, incluidas las corporaciones S (reservadas a residentes), también suelen usarse para compras de bienes raíces, en especial las inversiones de mayor volumen o capital. Brindan protección de responsabilidad personal para los accionistas y también pueden ofrecer beneficios fiscales (su estructura es muy similar a la de una sociedad anónima).
- *Sociedad limitada (LP).* En una LP hay uno o más socios generales que administran la inversión y socios limitados que proporcionan fondos, pero tienen un control limitado sobre la inversión. Ofrecen protección de responsabilidad para los socios limitados y beneficios fiscales para el socio general.

- *Real Estate Investment Trust (REIT)*. Un REIT es una empresa que invierte en bienes raíces y algunas veces cotiza en una bolsa de valores. Esta entidad brinda a los inversores la oportunidad de invertir en bienes raíces sin poseer la propiedad directamente, y también ofrece beneficios fiscales.

CASOS PRÁCTICOS

Comprar una propiedad con múltiples propietarios

Si dos o más personas desean poseer una propiedad juntas, hay dos opciones. Pueden enumerar todos sus nombres en la escritura como cotitulares conjuntos o como cotitulares con tenencia común, con o sin derecho de supervivencia. Ser dueño de una propiedad bajo el régimen de condominio o tenencia conjunta (no confundir con régimen de propiedad horizontal, de condominios o edificios de múltiples propiedades, cada una con distintos dueños) significa que los intereses de cada condómino no son divisibles.

Cada propietario posee un porcentaje de la tierra o propiedad. Si algún propietario se fallece, los otros propietarios adquieren la propiedad de ese socio. Una de las desventajas que pueden ocurrir en este caso es que puede ser difícil transferir la propiedad, aunque esto aplica en cualquier caso en donde haya dueños conjuntos en cualquier tipo de tenencia.

El uso de una LLC, dependiendo de los estatutos de la misma, puede facilitar la transferencia de la propiedad del inmueble o terreno. Cuando la LLC es la propietaria, los propietarios de la LLC tienen un interés porcentual de las unidades de membresía de la LLC. Estas personas pueden transferir toda su propiedad, o una parte, mediante la transferencia o venta de su interés de propiedad. Este acuerdo es particularmente útil cuando uno de los propietarios de la LLC adquiere lentamente un mayor interés de propiedad a cambio del trabajo realizado o los servicios que respaldan la LLC o la propiedad subyacente.

Si se está considerando comprar una propiedad bajo una LLC, es importante considerar todos los costos continuos, los honorarios legales y las implicaciones que vienen con esta decisión. Establecer una LLC afectará los impuestos a la propiedad y futuros impuestos sobre las ganancias de capital. El impacto varía de un estado a otro, pero en la mayoría de los estados se tendrá que pagar una tarifa de presentación de informe anual, además de los impuestos a la propiedad. También se deberá pagar honorarios legales para establecer una LLC, que pueden ser costosos, dependiendo de la estructura de la misma. En todo caso, el comprar una propiedad bajo una LLC no es una decisión que deba tomarse por sí solo; se recomienda que el lector consulte con un abogado experto en la materia.

Préstamos hipotecarios

Si las personas compran una propiedad de manera personal, cualquier institución crediticia que otorgue un préstamo y tome una hipoteca en la propiedad cobrará una tasa de interés sobre el préstamo. La tasa estará determinada por las calificaciones crediticias personales (y otras consideraciones de activos e ingresos) de los propietarios individuales.

Muchos bancos prestan dinero para la compra de primera vivienda a tasas preferenciales, sustancialmente más económicas que para la compra de propiedades de inversión o de una compañía. Es así porque se entiende que quien compra una propiedad para vivir en ella tiene una intención de pago mayor y más concreta que quien compra una propiedad como segunda vivienda, para veraneo o inversión. Si no paga la hipoteca, sigue teniendo un lugar donde vivir; simplemente se desprende de un bien, una parte de su patrimonio.

En cambio, si las personas compran la propiedad como una corporación o *trust,* generalmente deben buscar un préstamo comercial (en vez de personal). La tasa de interés dependerá del valor de la propiedad y las calificaciones crediticias de los miembros de la compañía (que tendrán que firmar conjuntamente, garantizando el pago personal del préstamo). Debido a que el préstamo se clasificará como un préstamo comercial, la tasa de interés es considerablemente más alta que un préstamo personal acorde.

En la mayoría de los estados, los bancos restringen a cinco el número de hipotecas que las LLC pueden tener. Los bancos saben que los miembros de la LLC no son personalmente responsables de las deudas de la LLC, por lo que los prestamistas hipotecarios extienden un préstamo hipotecario a una LLC solo si el propietario del negocio tiene un seguro hipotecario o da una garantía personal.

Beneficios fiscales

Las personas que poseen bienes raíces en los que viven durante dos años reciben un importante beneficio fiscal. Si luego venden la propiedad, el Internal Revenue Service permite una exención de impuestos de 250 000 dólares (para solteros) a 500 000 (para casados) por las ganancias de capital cuando la propiedad se vende más adelante.

Supongamos que la propiedad se compra por 100 000 dólares y al cabo de dos años de vivir en ella se vende por 350 000. Los 250 000 de ganancias de capital no estarían sujetos a impuestos para los propietarios. En caso de que la propiedad fuera su casa de residencia, pero estuviera dentro de una LLC, este régimen no puede aplicarse, y la ganancia estaría gravada con la tasa del 15% de *capital gain tax*.

Si la propiedad se mantiene a nombre de la compañía, se considera un activo comercial. Cualquier gasto asociado con la propiedad y el mantenimiento de los bienes raíces puede tratarse como un gasto comercial. Ejemplos de gastos comunes incluyen mantenimiento (como reparación de paredes o mantenimiento del césped del jardín) y actualizaciones de equipos (como unidades de aire acondicionado). Además, la LLC puede calificar para un estado fiscal preferible si la propiedad que posee produce ingresos. Las propiedades de alquiler mantenidas en una LLC también se benefician de deducciones por depreciación.

Otro punto a considerar es cómo afecta FIRPTA a los dueños a título personal y a las corporaciones propietarias de inmuebles. FIRPTA es una retención federal del 15% del valor de venta de una propiedad. FIRPTA solo se aplica cuando el dueño de la propiedad es una persona no residente. Aun si el inversor pierde dinero en la venta, se aplicará la retención del 15%. No es un impuesto. Si no se debe impuesto alguno de la venta de una propiedad, el IRS devolverá algo de esta retención o toda. Puede eliminarse FIRPTA si se compran las propiedades bajo una LLC (con más de un miembro) o una corporación.

La segunda razón por la que comprar bajo una LLC puede ser útil es que ayuda a mantener la privacidad del inversor y la privacidad de quienes trabajan con él. No hay nombres adjuntos a ninguna propiedad en particular o trato comercial cuando se usa una LLC, pues la propiedad pertenece a la LLC y no a un individuo.

Protección de responsabilidad personal y del activo

Quienes poseen propiedades en su nombre están sujetos a responsabilidad personal por cualquier deuda u obligación que surja de la propiedad. Es decir, deberán responder con la totalidad de su patrimonio en caso de ser demandados porque alguien se lesiona en la propiedad o la propiedad queda sujeta a costosos requisitos de limpieza ambiental.

En cambio, cuando compran bienes raíces a través de una compañía, la propiedad comprada es propiedad de la entidad comercial y no del individuo. Si algo sale mal con el negocio o alguien lo demanda por un problema causado por la propiedad, solo se persiguen los activos de LLC, no los activos personales del inversor.

Es una muy buena manera de protegerse y proteger los activos de la empresa. Adquirir y mantener bienes raíces en una compañía protege a los miembros de la misma de responsabilidad personal por cualquier deuda y obligación que surja de la propiedad. De esa manera, si surge una demanda y resulta en una sentencia contra el inversionista, los acreedores no pueden embargar sus bienes inmuebles, ya que no le pertenecen, sino que son de la compañía de la que posee acciones o es miembro.

Por supuesto, cualquier acreedor puede demandar a la compañía por cualquier activo en poder de ella (incluida la propiedad subyacente). Si el valor de los activos de la compañía no es adecuado o suficiente para pagar el fallo, el demandante no puede tratar de recuperarse contra los activos personales de los propietarios de la compañía.

En general, los miembros de LLC deben mantener un seguro de responsabilidad civil apropiado para los accidentes que ocurran en la propiedad. Sin embargo, es importante destacar que los miembros de la compañía deben cumplir con numerosas formalidades para mantener sus intereses sobre esta, como financiar adecuadamente a la compañía para las operaciones comerciales que realice, manteniendo la separación entre el patrimonio personal y los activos.

Es importante destacar que, en el caso de las LLC, estas deben ser administradas adecuadamente. Si bien una LLC protege la propiedad de bienes raíces, los inversores inmobiliarios de todas formas pueden ser considerados personalmente responsables de cualquier deuda en que incurra la LLC. Un ejemplo de esto sería un inversionista de bienes raíces que usa sus cuentas bancarias personales o su tarjeta de crédito para realizar pagos desde su cuenta LLC y no cumple con los cargos. En esta situación, habría atentado contra la protección de activos y contra el velo corporativo.

Las consecuencias de perforar el velo corporativo pueden ser graves tanto para la LLC como para sus miembros y pueden conllevar responsabilidad personal de los miembros de la LLC para con las deudas. Es decir, los activos personales de los miembros, junto con los de la propia LLC, pueden estar en riesgo.

Desventajas posibles de comprar una casa bajo una LLC

Si el inversor está convencido de comprar una casa bajo una LLC, es importante examinar primero algunas de las posibles desventajas de esta estrategia. Una de las mayores dificultades es obtener financiamiento, por no mencionar que quizá no sea elegible para la mayoría de los tipos de préstamos residenciales.

Comprar una casa bajo una LLC también significa que el individuo renunciará a algunas exenciones de ganancias de capital, como ya se mencionó. Cuando se es dueño de una propiedad como LLC, en última instancia será el inversor el responsable de la factura de impuestos, sin importar cuán pequeña o grande sea la ganancia.

Comprar un inmueble a través de una compañía, más específicamente una LLC, podría parecerle a un inversor, en términos generales, la mejor opción disponible en términos de simplicidad operativa, conveniencia y costos asociados.

En primer lugar, porque si algo sale mal con el negocio o alguien lo demanda, solo persiguen los activos de LLC y no los personales. En segundo lugar, porque comprar bajo una LLC puede ayudar a mantener tu privacidad y la de quienes trabajan contigo. En tercer lugar, la operación, explotación y posible venta de la propiedad conllevan beneficios fiscales.

Sin embargo, para quienes quieren comprar una propiedad como vivienda única y radicar en Estados Unidos, puede que sea más conveniente comprar la propiedad a título personal, pues gozarían de mejores tasas de interés en el caso de financiamiento y pago de una tasa preferencial del impuesto a la renta de capital y a la propiedad.

Lo más importante es que a la hora de tomar una decisión tan trascendente como la compra de un inmueble se esté bien asesorado por abogados, contadores y agentes inmobiliarios que trabajen de manera coordinada para lograr una transacción financiera, impositiva y legalmente eficiente. Los mayores fracasos en la inversión inmobiliaria se ven en inversores asesorados inadecuadamente o de manera parcial.

INVERTIR CON CRÉDITO ESTADOUNIDENSE COMO EXTRANJERO

Las grandes riquezas de Estados Unidos se deben al dinero de sus bancos. Podría decirse que *usar el dinero de otros* es la premisa básica para generar riqueza de forma segura, así como lo es el incrementar el patrimonio familiar invirtiendo en bienes raíces. Sin embargo, poca gente sabe aprovechar esos beneficios para alcanzar la anhelada libertad financiera. En este apartado se dan a conocer los puntos esenciales a tomar en cuenta para invertir en bienes raíces con apalancamiento de capital de bancos estadounidenses.

La industria estadounidense busca desembolsar miles de millones de dólares al año en créditos hipotecarios a inversores internacionales que compren propiedades en el país. Esta es una tendencia del mercado que va en ascenso.

Varios estudios del mercado inmobiliario demuestran que Estados Unidos está sufriendo un déficit de vivienda, lo que hace que las propiedades se valoricen con el tiempo y vuelve muy atractiva la inversión en este país. La valorización se encuentra por encima de la inflación, de modo que el beneficio de invertir en propiedades es indudable.

En contraste, esta misma inflación hace que el dinero en efectivo valga cada vez menos, por lo que no es recomendable dejar el capital familiar a la suerte de una cuenta de ahorros. Además, tener todas nuestras inversiones en alguna moneda latinoamericana significa tener un patrimonio económicamente débil, dado que, desde hace varias décadas, el dólar ha sido la moneda más fuerte en el mercado financiero. En resumen, realizar inversiones que generen retorno en dólares brinda una seguridad financiera inigualable.

En Estados Unidos hay bancos especializados en el financiamiento de propiedades para clientes extranjeros y ciudadanos estadounidenses. Vale la pena recalcar que estos no son bancos prestadores de servicios globales. Todos los bancos especializados en hipotecas se caracterizan por tratar el caso de cada cliente como un perfil particular, y de eso dependerán las condiciones del préstamo otorgado. Ningún banco exige que el solicitante de un préstamo sea ya cliente del banco con antelación.

A la hora de solicitar el financiamiento de una o varias propiedades, la cantidad de propuestas de financiamiento que el solicitante podrá analizar dependerá de su perfil crediticio, de la capacidad de pago de la deuda que va a asumir, del tipo de propiedad que desea financiar y de su ubicación.

Entre las características de los planes de financiamiento que ofrecen los bancos estadounidenses destacan:

- Sistema de amortización francés
- Amortización máxima de hasta 30 años
- Tasa fija
- Tasa variable a partir de los tres, cinco o siete años iniciales del préstamo

Planes de financiamiento

El sistema de amortización francés es utilizado por gran parte de los bancos del mundo. Consiste en que el prestatario se comprometa a pagar cuotas periódicas, las cuales incluyen pagos tanto al capital, como de intereses.

Si el préstamo fue otorgado a un tipo de interés fijo, siempre pagaremos la misma cantidad. Si el interés es variable, se referencia con un indicador, que normalmente es el interés interbancario de cada país. Para la mayoría de los bancos estadounidenses, el resultado de esta variable no suele superar el 2% sobre la tasa inicial del préstamo otorgado.

En el plan de tasa variable todos los bancos estadounidenses establecen en sus contratos un máximo de ajuste de tasa de interés durante la vida del préstamo, que no suele ser de más de 5 o 6 puntos por encima de la tasa inicial.

Con capital no amortizado, durante los primeros periodos de pago de la hipoteca se pagan sobre todo intereses, los cuales van decreciendo en el tiempo. Con el capital amortizado sucede lo contrario: el importe crece cada año.

Otro aspecto a tomar en cuenta al solicitar un plan de financiamiento con un banco estadounidense es la posibilidad de realizar pagos parciales de capital o interés adeudado, lo que permite acortar la vida del préstamo, o bien disminuir el valor de la cuota mensual a pagar.

REQUISITOS PARA EXTRANJEROS

Los requisitos para los clientes extranjeros que desean invertir en Estados Unidos mediante un crédito suelen ser incluso más simples y fáciles de conseguir que para un ciudadano estadounidense.

Los seis requisitos básicos para solicitar un préstamo hipotecario como cliente extranjero son:

- Visa y pasaporte
- Formulario de solicitud de préstamo llenado
- Prueba de residencia primaria
- Cartas de referencias bancarias
- Carta de ingresos completada por su contador o empleador
- Los tres últimos estados bancarios de las cuentas donde estén los activos para su inversión

A continuación se detalla cada uno de estos y se plantean alternativas por si el aplicante no cuenta con alguno de los requisitos.

Documentos de identidad

El banco requerirá una visa (o una ESTA, dependiendo del país) que permita al cliente ingresar al país. Aquellos solicitantes con visa de inversor que tengan una empresa en funcionamiento desde hace tiempo deben informar al banco.

Todos los documentos de identificación personal deberán estar vigentes en el momento de la solicitud y al cierre de la operación.

Cabe señalar que hay bancos que exceptúan el requisito de visa, ya que permiten al cliente cerrar la compra de una propiedad de inversión desde su país natal mediante programas a tasa fija.

Formulario de solicitud del préstamo

El formulario de solicitud de préstamo es un documento que debe llenar el solicitante (o solicitantes: generalmente pueden ser hasta cuatro personas para la compra de una propiedad).

Los prestatarios deben detallar su información personal (como domicilio actual, años de estudio, estado civil, trabajo actual) y patrimonial (cuentas bancarias, etc.). Cuando la operación se realiza a nombre de una empresa, la información a completar será la de los socios mayoritarios, quienes representan a la empresa para cuestiones legales y financieras.

Prueba de residencia primaria

Funciona como prueba de residencia cualquier comprobante de servicio de la vivienda primaria a nombre del solicitante. Por ejemplo, comprobantes de pago de energía eléctrica, agua, impuesto predial, gas, etc. Cuando los diferentes solicitantes conviven en un mismo lugar, como en el caso de un matrimonio, el banco acepta que el servicio esté a nombre de solo uno de los solicitantes. El banco pide este documento para verificar que el cliente realmente sea extranjero no residente de Estados Unidos, con el fin de que entre en los programas especializados para ese tipo de inversores.

Cartas de referencias bancarias

Algunos bancos piden una o más cartas de referencias bancarias por solicitante del préstamo, con el objetivo de corroborar la relación que este ha tenido a lo largo del tiempo con entidades bancarias del exterior. Estas deben ser redactadas por los oficiales de las cuentas bancarias del país donde resida el aplicante.

La información indispensable que estas deberán incluir es:

- Nombre completo del cliente
- Fecha de inicio de la relación con la institución
- Tipo de cuenta abierta con la institución
- Manejo del solicitante frente a sus obligaciones
- Firma e información de contacto del representante del banco

Carta de ingresos

Si el solicitante genera ingresos de forma independiente, el banco requerirá una carta del contador público del país donde ha declarado ingresos los dos años anteriores a la solicitud de préstamo. En esa carta, el contador deberá proveer su título de grado, número de licencia habilitante o el certificado que le permite realizar servicios de contaduría.

Si el solicitante trabaja en una relación de dependencia (o sea, es empleado de otra empresa), el banco pide una carta del empleador que avale dicha relación laboral, así como los tres últimos recibos de pagos mensuales (o bien, los últimos seis pagos quincenales).

Cabe señalar que existen planes de financiamiento que exceptúan este requisito si los solicitantes no cuentan con suficientes pruebas para demostrar ingresos continuos, pero sí el dinero líquido suficiente para su inversión (como un jubilado con una cuenta de retiros).

Estados de cuenta

El requisito primordial para poder completar la solicitud de préstamo es la demostración de activos en cuentas bancarias.

La mayor parte de los bancos piden los tres últimos balances de las cuentas bancarias que tenga el solicitante, los cuales deben contar con fondos suficientes para solventar el pago inicial de la compra, más los gastos de cierre de la operación en casos de compra inmobiliaria. De esto dependerá el plan de acción para la solicitud del préstamo.

Actualmente los bancos financian entre el 50 y el 75% del valor de la propiedad. Sin embargo, esto varía según:

- El tipo de propiedad
- Su ubicación

- Finalidad para la que se adquiere
- Tipo de renta permitida
- Liquidez de fondos disponibles para la inversión

Tabla de iniciales necesarios para acceder al financiamiento de una propiedad con apalancamiento de un banco estadounidense

Casas (unifamiliares)	25%
Condominio de renta larga (departamentos)	30%
Condominio de renta corta (tipo Airbnb)	35%
Condo-hotel	40%

El seleccionar a las personas correctas para guiarnos en el proceso de solicitud de préstamo es clave para la culminación exitosa del mismo.

INICIO DEL PROCESO

Bancarización de fondos

En algunos países de América Latina existen restricciones fiscales que preocupan a algunos clientes que desean utilizar fondos de inversión en el extranjero. En los últimos años ha habido cambios en las políticas monetarias latinoamericanas, los cuales restringen al inversor en cuanto a las posibilidades de diversificar su capital en Estados Unidos o Europa.

Como ya se dijo, la mayor parte de las entidades bancarias necesitan pruebas de los activos de los meses inmediatamente anteriores a una solicitud de préstamo hipotecario. A quien no cuente con una cuenta bancaria en Estados Unidos, pero sí con cuentas internacionales que tengan fondos suficientes para su inversión, el banco le permitirá solicitar el préstamo sin ningún problema. Eso sí, la aprobación final se condiciona a que se abra una cuenta bancaria en Estados Unidos y se envíen los fondos necesarios por transferencia bancaria directa al menos 20 días antes de la fecha de cierre de la operación.

Para casos excepcionales en que el cliente haya transferido fondos antes del cierre del balance de su banco estadounidense, algunas entidades bancarias aceptan una carta emitida por el oficial del banco de Estados Unidos con el balance de la cuenta a la fecha. Esta carta puede presentarse en lugar de los tres últimos estados de cuenta.

Si el solicitante tiene algún familiar con la intención de transferir los fondos para poder hacer la inversión (por ejemplo, de padres a hijos) también existen programas bancarios que permiten este tipo de regalo inicial para financiar entre el 50 y 70% del valor de la propiedad.

No hay que olvidar que el banco aceptará capital de inversión siempre que pueda justificarse mediante los estados de cuenta ya mencionados, el cobro de la prestación de un servicio, o bien la venta de una propiedad.

Para los casos en que hayan ingresado fondos de cuentas de terceros o empresas que no sean propiedad del solicitante, el banco requerirá la justificación de cada movimiento existente en los estados bancarios mediante la demostración de la factura o los documentos que respalden la operación.

Pasos para la aprobación del crédito

Para la aprobación de un préstamo hipotecario hay que cumplir una serie de pasos en los que el oficial de préstamos trabaja de forma conjunta con todas las partes que intervienen a lo largo de cada etapa.

Como se ha visto en el capítulo de inversión inmobiliaria, a la hora de invertir en el rubro de inmuebles se sugiere contar con un agente inmobiliario. Esta figura, además de ayudar al inversor a buscar una propiedad, le asistirá en la estructuración de la compra. Es de vital importancia sentirse cómodo al iniciar el trabajo en equipo junto al agente inmobiliario.

Después de los requisitos ya detallados, estos son los siguientes pasos para la aprobación de un préstamo:

- Análisis de los documentos enviados
- Registro del crédito
- Tasación de la propiedad
- Aprobación del préstamo

Análisis de documentos enviados

En esta etapa el especialista en préstamos hipotecarios revisa y analiza los documentos de forma individual para confirmar que estén completos y sean correctos, cumpliendo con lo que el banco exige.

Generalmente el especialista emite una carta de preaprobación del préstamo en la que se establecen las condiciones generales de la hipoteca, tales como el monto de compra permitido y el porcentaje de financiamiento posible.

Registro del crédito

Habiendo seleccionado la propiedad y firmado el contrato de compra, se procede al registro del crédito en el banco.

En esta etapa el abogado interno del banco revisa todos los documentos presentados y pide una serie de documentos según el tipo de propiedad que se desee financiar. Por ejemplo, si se quiere adquirir un condominio en un edificio, normalmente se le pide información a la administración del mismo con el objetivo de conocer su estado económico, legal y patrimonial.

Hay que considerar que en la transacción de solicitud de préstamo el banco actúa con base en la seguridad que le proporciona la hipoteca que tendrá sobre la propiedad y, por lo tanto, le es importante sentirse seguro en la inversión. Sin embargo, el hecho que el banco apruebe el préstamo no significa que este sea completamente seguro, ya los parámetros de riesgo del banco son distintos a los del inversionista.

A lo largo de este proceso también se pueden pedir traducciones de los documentos del solicitante, realizadas por un traductor certificado y autorizado por el banco, así como un reporte de crédito a nombre de cada uno de los aplicantes al préstamo.

Tasación de la propiedad

Una vez que el banco registre internamente el préstamo, el abogado a cargo del archivo solicitará el avalúo de la propiedad por un tasador autorizado por el banco. El resultado de la tasación suele tomar de 72 horas a siete días, dependiendo de la disponibilidad del agente tasador. El valor de tasación reflejado en el informe determinará el monto de préstamo que el banco le otorgará al solicitante para la compra.

Aprobación del préstamo

Tras el avalúo de la propiedad, el banco emite la carta compromiso, el documento que refleja la aprobación del préstamo con las condiciones finales para poder avanzar a la autorización del otorgamiento y en conjunto con la compañía de títulos, realizar la firma de la hipoteca y la escritura de propiedad.

En este proceso final es muy importante considerar las distintas alternativas que ofrecen los bancos para cerrar la operación sin necesidad de viajar a Estados Unidos, en caso de que esto sea más práctico para el inversionista. Los documentos pueden firmarse mediante:

- Un notario en la embajada estadounidense del país de residencia del inversor
- Una firma digital con la certificación de un notario remoto
- Una carta poder elaborada por un abogado que permita a un tercero firmar en representación del inversor
- Notarización de un notario civil estadounidense residente en el país del inversor
- Notarización de un notario nacional con apostillado

Cabe señalar que todas estas alternativas de cierre de operaciones deberán ser autorizadas previamente por la compañía de títulos a cargo y, en el caso de que se trate de una propiedad completamente nueva, también por el desarrollador inmobiliario.

PRÉSTAMOS MÚLTIPLES O COMERCIALES

Los inversores extranjeros que deseen adquirir más de una propiedad o inmueble comercial (por ejemplo, aquellos que adquieran multifamiliares de más de cuatro puertas, tiendas, franquicias, etc.) pueden solicitar un plan de financiamiento comercial.

Además de los requisitos ya detallados, entre los requisitos básicos para solicitar esta clase de préstamos se solicita una serie de documentos referidos a los ingresos y gastos generados por la propiedad a financiar, tales como:

- Valor de la renta actual
- Contratos de alquiler vigentes
- Gastos de administración
- Impuesto sobre la propiedad
- Seguro de la propiedad

Para este tipo de préstamos el banco analiza la documentación personal del solicitante, pero su análisis se concentra en los ingresos netos que genera la propiedad a adquirir. Es decir, en este tipo de hipotecas el banco se fija más en el perfil de la inversión que en el del inversor prestatario. Así, la aprobación del préstamo depende de los ingresos generados por la propiedad y de la capacidad de pago que estos permitan frente al pago de cuota de una hipoteca futura.

El sistema de amortización utilizado para este tipo de préstamo es el francés, igual que en la mayoría de los programas de financiamiento de propiedades residenciales, con la única diferencia de que el tiempo máximo de vida del préstamo otorgado son 25 años.

Esta propuesta de financiamiento se caracteriza por establecer una tasa fija para los cinco años iniciales de la hipoteca. Cumplida esa etapa inicial, el banco ajusta la tasa para un nuevo ciclo de cinco años. Al cumplirse el décimo año el banco recalcula la deuda actualizada y da la opción de cancelar la hipoteca o refinanciarla por otros dos ciclos de cinco años, bajo condiciones actualizadas.

REFINANCIACIÓN DE UN PRÉSTAMO HIPOTECARIO

Tanto para los planes de financiamiento de tasa fija (*fixed rate*) como para los de tasa variable (*adjustable-rate mortgage*) es posible mejorar las condiciones de la inversión a través de una refinanciación. La flexibilidad de los programas de hipotecas bancarias en Estados Unidos es extraordinaria, y vale la pena tomarla en cuenta a la hora de pedir una hipoteca.

La mayor parte de los inversores latinoamericanos y europeos analiza esta alternativa al solicitar un préstamo hipotecario a tasa variable. Muchos de los inversores que están en busca de buenas oportunidades solicitan el financiamiento de un préstamo privado para luego, con más tiempo, pedir una refinanciación con mejores condiciones y plazos que los otorgados en un principio. Para esto, además de los requisitos para realizar una compra, se pide detallar:

- Estado de hipoteca actual
- Registro de pago de hipoteca del último mes
- Pago del impuesto sobre la propiedad
- Seguro
- Fondos líquidos como reservas exigidas por el banco

A diferencia de las operaciones de compra, el refinanciamiento de propiedades suele otorgarse hasta un 65% de la relación préstamo-valor de la propiedad, y es fundamental contar con activos líquidos en cuentas bancarias para demostrar solvencia económica y capacidad de pago de la nueva hipoteca (la totalidad de los gastos de este refinanciamiento se incluye en la hipoteca, de manera que no hace falta que el solicitante cuente con dinero efectivo adicional en sus cuentas bancarias aparte del que demuestre su liquidez económica).

Para considerar que hay solvencia suele requerirse el equivalente a entre 12 y 24 meses de pago de la cuota del préstamo que será otorgado. Tras el cierre, ese dinero puede utilizarse en otras inversiones.

Si el cliente adeuda más del 65% de la relación préstamo-valor de su préstamo actual, este de todas maneras podría refinanciarse si se entrega el monto diferencial como cuota inicial.

Cabe mencionar que para refinanciar una hipoteca no puede haber deudas demoradas con el banco actual, ni retrasos en los pagos de impuestos y seguros de la propiedad.

Los planes de financiamiento para este tipo de operaciones son los mismos que se ofrecen para la compra de nuevas propiedades.

Algunos programas penalizan la cancelación total anticipada del préstamo. Casi siempre estas penalizaciones son las denominadas 3/2/1: si se quiere solicitar el refinanciamiento de una propiedad con otro banco, o simplemente cancelar la deuda dentro del primer año de la hipoteca, el banco cobrará un 3% de interés sobre el monto total del préstamo; si la solicitud se hace dentro del segundo año, el interés disminuirá a un 2%, y en el tercer año a 1%. Pasados esos plazos iniciales, puede procederse a la cancelación total del préstamo o a la solicitud de un refinanciamiento sin ningún cargo de la entidad bancaria inicial.

La mayor parte de los inversores extranjeros solicitan programas con tasas de interés muy bajas, como el 3/1 ARM, que tiene una tasa fija realmente atractiva durante los primeros tres años, tras lo cual está libre de penalidades para pedir el refinanciamiento o la cancelación de la hipoteca.

No está de más recordar que algunas entidades bancarias permiten también realizar adelantos de pagos de cuota con el objetivo de acortar plazos o bajar el pago mensual de la hipoteca.

Como cliente extranjero en Estados Unidos se cuenta con una verdadera diversidad de opciones para realizar inversiones inteligentes y rentables.

CASH OUT

Estados Unidos es un país generador de oportunidades para todo aquel que se anime a apostar por nuevos proyectos e inversiones, incluso para aquellos que están listos para dar el siguiente paso en sus negocios, pero no cuentan con el dinero necesario para lograrlo. Para casos como ese, es posible capitalizar a partir de activos como una casa u otra propiedad ya existente.

Todos los bancos estadounidenses especializados en hipotecas ofrecen la posibilidad de retirar dinero en efectivo equivalente hasta un 65% de la relación préstamo-valor de la propiedad según el avalúo a la fecha de escritura de este libro.

Mediante este tipo de operación se puede gestionar la hipoteca de la propiedad con la que ya se cuenta y a la vez utilizar esos fondos (que se desembolsarán aproximadamente 45 días después del comienzo de la gestión en la cuenta bancaria que se tenga en Estados Unidos).

Para solicitarla se piden los mismos requisitos que para solicitar un refinanciamiento:

- Visa y pasaporte
- Formulario de solicitud
- Prueba de residencia primaria
- Carta de ingresos
- Carta de referencias bancarias
- Activos líquidos bancarizados a demostrar como reservas
- *Warranty deed* de la propiedad
- HUD de cierre
- Pago del impuesto a la propiedad del último año
- Pago de asociación
- Seguros vigentes
- Contrato de renta, en su caso

La diferencia es que en esta operación se obtiene dinero en efectivo para invertirlo en futuros negocios, y así diversificar el capital.

Los planes de financiamiento ofrecidos para este tipo de hipotecas son los mismos que para comprar una propiedad.

Los inversores con cartera de propiedades en Estados Unidos también pueden solicitar este tipo de operación, estructurada bajo un *cash out* comercial, que mantiene las mismas estructuras ya detalladas.

Cabe mencionar que si se desea solicitar un *cash out* conjunto (*umbrella*) es necesario que todas las propiedades estén bajo las mismas escrituras.

PRÉSTAMOS PRIVADOS (*HARD MONEY*)

En el mundo de las inversiones siempre hay oportunidades que exigen una respuesta inmediata. Para no perderlas, existen opciones de apalancamiento con inversores privados que aportan capital de inversión sobre las propiedades que se solicita apalancar.

Una de las grandes diferencias en la gestión de estos préstamos en relación con los bancarios es el tiempo. El plazo de otorgamiento de los préstamos bancarios es de aproximadamente entre 45 y 60 días a partir de la fecha de la firma del contrato de compra y de completada la documentación inicial del cliente. El proceso de aprobación de los préstamos privados suele ser mucho más efectivo y rápido.

Las características principales de los préstamos privados son:

- Rápida gestión y aprobación
- Interés fijo
- Se abonan únicamente intereses
- Corto plazo
- Sin penalidad por cancelación anticipada

- Posibilidad de adelantos de capital adeudado
- Son utilizados para luego requerir un refinanciamiento

Rápida gestión y aprobación

El proceso de aprobación de los préstamos privados suele ser más rápido, ya que el departamento de crédito, al ser propio, no depende de los tiempos que un banco requiere internamente. Además, la total gestión y revisión del perfil crediticio del cliente la hace el mismo prestamista, lo que le permite anticipar procesos como la solicitud del avalúo y del cuestionario del condominio, así como el reporte de crédito.

Interés fijo

El programa de financiamiento generalmente utilizado para este tipo de hipotecas es a tasa fija durante la vida del préstamo, que es de entre 12 y 24 meses. La tasa depende de la propiedad a financiar y del perfil del solicitante.

Sin penalidad por cancelación anticipada

Estos programas no penalizan la cancelación anticipada del préstamo. Es decir, no cobran interés adelantado por cancelar la deuda antes de tiempo. El prestamista normalmente requiere un plazo estimado de 30 días de preaviso para poder dar aviso al inversor y reubicar ese fondo de inversión en una nueva hipoteca.

Posibilidad de adelantos de capital adeudado

Cuando el inversor desea pagar adelantos de capital adeudado puede pedir una precancelación de la deuda inicial, y junto con esta se recalcula el interés sobre la deuda actualizada para los meses siguientes.

Se utilizan para luego requerir su refinanciamiento

Los *hard money mortgages* normalmente se piden para realizar inversiones inmediatas, con la opción de solicitar más adelante el refinanciamiento de la deuda bajo un plan de financiamiento bancario a 30 años de amortización. También se utilizan para la compra y reparación de propiedades.

Recurre a ellos gran cantidad de constructores latinoamericanos que desean incorporarse al mundo de los desarrollos inmobiliarios en Estados Unidos por primera vez. Estos perfiles de construcción sin un historial de desarrollos dentro de Estados Unidos no suelen ser bien vistos por los bancos a la hora de financiar un desarrollo de construcción. Por eso, si el inversor es constructor y desea desarrollarse como tal en Estados Unidos, conviene analizar esta posibilidad de financiamiento que luego le permitirá solicitar un apalancamiento bancario con un historial sólido.

Financiación para *fix & flip* y desarrollos de construcción

Hace pocos años algunos inversores empezaron a centrarse en el llamado *fix & flip*, la compra de propiedades baratas para remodelarlas y venderlas después a precio de mercado. Veamos con más detenimiento esta modalidad de negocio.

Estos inversores compran una propiedad vieja y maltratada a descuento. A veces la propiedad solo necesita reformas estéticas, pero es más frecuente que requiera renovaciones importantes. En algunos casos incluso puede ser ilegal ocupar la casa hasta que los inversores puedan probar que hicieron ciertas reparaciones.

Para estas inversiones, la mejor opción de apalancamiento puede ser un *hard money mortgage*. Después de que se arregla la propiedad, el siguiente paso es venderla lo más rápido y con la mayor ganancia posible. Desde luego, los inversores no aspiran nada más a recuperar lo que costó la propiedad más lo que costó arreglarla y cambiarla, sino generar una ganancia adicional. Para esto se tiene que determinar el valor después de la reparación (*after repair value,* ARV), que es el valor de mercado aproximado de la propiedad una vez que se completan las remodelaciones. La diferencia entre el ARV y el valor de arreglar y cambiar es la ganancia esperada.

No tiene sentido financiero comprar una casa, gastar 25 000 dólares en arreglarla y luego de remodelarla venderla por el precio de compra más 25 000. El propósito del *fix & flip* es gastar 15 000 dólares en nueva infraestructura eléctrica y de plomería, lo que agrega 25 000 al precio de reventa y genera una ganancia para el inversor.

Mientras tanto, los inversores podrían gastar otros 10 000 dólares arreglando las ventanas y contraventanas y mejorando el paisaje, agregando otros 20 000 al atractivo exterior de la casa. En este caso, 25 000 dólares en renovaciones producen una reventa esperada que es 45 000 dólares más alta que el precio de compra original. Entonces la ganancia para los inversores sería de 20 000 dólares.

Hay programas de financiamiento especializados en esta estructura de negocio; el prestamista analiza el ARV y sobre ese valor apalanca el proyecto con entre 50 y 60% del costo de compra, más las reparaciones presupuestadas.

Aquí hay ciertos requisitos particulares que deben analizarse. Los programas de financiamiento para desarrollos en construcción se caracterizan por liberar el capital por etapas culminadas del desarrollo, previa presentación de las facturas de los materiales utilizados y servicios prestados por el contratista que se encargará de la obra.

Después de la entrega de estos comprobantes, se programa la supervisión de un inspector de obra; con su confirmación, se procede a liberar el capital acordado. El financiamiento de los desarrollos de construcción suele apalancar entre el 50% y el 70% de los materiales y la mano de obra.

Para dar inicio al proceso de gestión, el prestatario debe presentar la siguiente documentación:

Descripción del proyecto:

- Sitio específico
- Características del proyecto
- Número de folio del terreno
  - Permisos de construcción
  - Formulario de análisis de costos de construcción

Desarrollador:

- Antecedentes del desarrollador

- Lista de proyectos finalizados y en curso
- Dos años de información financiera
- Declaración de impuestos
- Estados financieros completos (personales y corporativos)

Propiedad:

- Proyecto de equidad
- Estado de propiedad del terreno
- Pólizas de seguro de responsabilidad civil existente
- Póliza de seguro de título existente
  - Última declaración de cierre
- Contratista general
- Resumen de antecedentes
- Currículum
  - Dos años de información financiera
  - Declaraciones de impuestos, estados financieros completos (personales y corporativos)
  - Copia de la licencia o certificación que le permite realizar servicios
  - Acuerdo de construcción entre el contratista general y el desarrollador
  - Lista de subcontratistas principales

Capítulo 14

Gestión de riesgos

Alejandro Castillo Manrique, Aleb Insurance Group

La gestión de riesgos es una parte integral de la administración de un negocio y puede marcar la diferencia entre el éxito y el fracaso en el mundo empresarial. El mundo de los negocios es incierto y lleno de obstáculos, pero también ofrece estímulos y oportunidades para gente dispuesta a tomar riesgos y trabajar duro para alcanzar sus metas.

Además de ser una forma efectiva de generar ingresos, crear empleo y contribuir al crecimiento económico, los negocios y las inversiones conllevan una serie de riesgos. Desde la incertidumbre del mercado hasta los problemas internos de una compañía, como la administración inadecuada o la falta de capital, los riesgos están presentes en todas las fases del ciclo empresarial. Es por ello fundamental que los empresarios comprendan los riesgos y tomen medidas para mitigarlos y prepararse para reaccionar ante ellos de la mejor manera.

La gestión de riesgos consiste en la identificación, evaluación y priorización de los riesgos potenciales asociados a una empresa o proyecto, ya sean externos o internos, seguidas de la implementación de medidas para mitigarlos o controlarlos:

reducir la probabilidad de que se materialicen, o, si ocurren, minimizar su impacto.

La gestión de riesgos es esencial en cualquier tipo de negocio o inversión, ya que permite a las empresas prepararse y responder de manera efectiva a situaciones imprevistas o adversas. Con una gestión adecuada de riesgos, las empresas pueden minimizar las pérdidas, mejorar la eficiencia y aumentar su confianza en el éxito a largo plazo.

Principales factores para la gestión de riesgos:

- **Identificación de riesgos:** Analizar y comprender los riesgos potenciales y cómo pueden afectar a su empresa o inversión, como cambios en el mercado, desastres naturales o problemas de seguridad.
- **Evaluación de riesgos:** Determinar la probabilidad de que cada riesgo ocurra y evaluar su impacto en el proyecto o empresa para definir las medidas de mitigación.
- **Priorización de riesgos:** Señalar cuáles de los riesgos identificados son los más graves y requieren acción inmediata.
- **Planificación de mitigación:** Implementar medidas para minimizar el impacto de los riesgos o reducir la probabilidad de que ocurran. Elaborar un plan para abordar y mitigar los riesgos identificados, y asignar responsabilidades y recursos.
- **Monitorización y revisión:** Establecer un proceso para dar seguimiento constante a los riesgos y las medidas de mitigación para asegurarse de que estén funcionando de manera efectiva, y actualizar el plan según sea necesario.

- **Planificación de contingencias:** Elaborar planes de acción para responder a situaciones imprevistas o adversas.
- **Comunicación:** Asegurarse de que la gestión de riesgos sea una parte integral de la cultura de la organización, y que todos los empleados, colaboradores y partes interesadas estén informados y capacitados para asumir sus responsabilidades ante los diferentes riesgos.
- **Documentación:** Mantener un registro de todas las actividades relacionadas con la gestión de riesgos, como su identificación, evaluación, mitigación y monitoreo.
- **Transferencia de riesgos:** Si después de haber realizado todas las estrategias anteriores sigue existiendo una amplia probabilidad de que ocurra un riesgo que no es posible eliminar, administrar o reducir, aún queda la opción de transferirlo a un tercero, es decir, asegurarse contra él.

SEGUROS CONTRA EL RIESGO

Los seguros pueden ser una herramienta importante para la gestión de riesgos. Hay opciones para proteger contra pérdidas financieras debido a situaciones imprevistas o adversas, los cuales proporcionan una forma de transferir el riesgo a una compañía de seguros a cambio de una prima, lo que puede ayudar a mitigar el impacto financiero en caso de un evento desafortunado. Sin embargo, es importante tener en cuenta que los seguros no son una solución a todos los riesgos; deben utilizarse como parte de una estrategia más amplia de gestión.

Es importante investigar y comparar diferentes opciones de seguros y cerciorarse de que se está adquiriendo la cobertura adecuada, según la industria y el tamaño del negocio. Se recomienda consultar con un asesor de seguros calificado para determinar las necesidades específicas de una empresa antes de tomar cualquier decisión.

Seguros que todo emprendedor debería tener

- **Seguro de responsabilidad civil:** Protege contra demandas de terceros en caso de daños o lesiones causados por el negocio.
- **Seguro de propiedad:** Cubre pérdidas o daños a la propiedad comercial, incluyendo equipos y bienes.
- **Seguro de vida:** Brinda protección financiera a la familia del inversor en caso de fallecimiento.
- **Seguro de salud:** Ofrece cobertura médica al emprendedor y a su equipo de trabajo.
- **Seguro de incapacidad temporal:** Proporciona ingresos si no se puede trabajar debido a una enfermedad o lesión.

SEGUROS DE AHORRO CON INVERSIÓN

Los seguros, sin ser una solución universal para todas las necesidades, pueden ser una herramienta valiosa en la administración patrimonial. Ideales para ello son los seguros de ahorro con inversión. Uno de los beneficios de estos es que ofrecen una forma de acumular capital a largo plazo, lo que puede ser útil para la planificación de la sucesión generacional. Por ejemplo, si el dueño de la empresa quiere transferir gradualmente el control de la empresa a su sucesor, puede utilizar el capital acumulado en el seguro de ahorro para financiar la transición.

Otra ventaja es que pueden proporcionar una rentabilidad más estable que otras formas de inversión, como el mercado de valores, lo que puede ser especialmente atractivo para quienes desean minimizar el riesgo en su cartera de inversiones.

También pueden proporcionar una fuente de financiamiento para la empresa familiar. Por ejemplo, si el dueño de la empresa necesita capital para expandir el negocio o invertir en nuevas tecnologías, puede utilizar el capital acumulado en el seguro de ahorro para financiar esos proyectos.

Por último, los seguros de ahorro con inversión pueden ser una herramienta útil para garantizar que los miembros de la familia tengan un futuro financiero garantizado, incluso si le pasa algo al dueño de la empresa. Por ejemplo, en caso de fallecimiento, la suma del seguro de vida puede proporcionar un ingreso estable para los beneficiarios.

Un asesor financiero será de gran ayuda para tomar la mejor decisión y elegir el seguro más adecuado para necesidades y objetivos particulares.

SEGUROS DE VIDA CON COMPONENTES DE AHORRO E INVERSIÓN

Los seguros de vida con componentes de ahorro e inversión indexados al Nasdaq o al Standard and Poor's 500 (S&P 500) son una opción cada vez más popular para quienes buscan proteger a su familia y al mismo tiempo contar con un portafolio de inversión a largo plazo. Estos seguros combinan la protección de un seguro de vida con la oportunidad de invertir en el mercado de valores, lo que los convierte en una solución integral para la planificación financiera.

Su principal objetivo es proporcionar una cobertura en caso de fallecimiento o una cantidad acumulada en caso de sobrevivir al periodo de la póliza. Esta cantidad acumulada puede utilizarse para la educación universitaria de los hijos, la jubilación o cualquier otra necesidad financiera futura.

Ofrecen además la oportunidad de invertir en el mercado de valores a través de una amplia gama de fondos. Al estar indexados al Nasdaq o al S&P 500, estos seguros permiten a los asegurados participar en el crecimiento potencial de estos mercados, lo que puede resultar en una acumulación significativa de ahorros a largo plazo.

Estos productos, dependiendo de la compañía con la que se contraten, generan rendimientos variables. Cuentan con rendimientos mínimos garantizados anualmente y pueden llegar a generar rendimientos topados comparados con los índices del Nasdaq o el S&P 500, debido a que contienen las minusvalías que llegue a tener el índice en algún año malo. Algunas compañías ofrecen rendimientos mínimos garantizados del 1% y máximos del 16% anualizados. Se contratan en dólares y están respaldados por la certidumbre jurídica que brinda un país como Estados Unidos.

Como toda inversión, conllevan ciertos riesgos, y los rendimientos futuros no están garantizados. Es importante evaluar cuidadosamente la situación financiera del individuo y considerar factores como la edad, la salud, los hábitos y los objetivos financieros antes de tomar una decisión, de preferencia con la ayuda de un asesor financiero calificado.

Formas en que los seguros ayudan a la administración patrimonial

- **Protección financiera:** Protegen el patrimonio de una persona contra riesgos financieros, como la muerte prematura, la incapacidad temporal o la enfermedad.

- **Planificación de jubilación:** Los seguros de jubilación pueden ayudar a una persona a ahorrar para su retiro y proteger su patrimonio a largo plazo.

- **Protección contra el riesgo de impuestos**: Los seguros de vida pueden ayudar a reducir el impacto fiscal de la sucesión y mejorar la planificación fiscal.

- **Diversificación de la cartera de activos:** Pueden ser una forma de diversificar la cartera de inversiones, lo que puede ayudar a mitigar los riesgos y a mejorar el rendimiento a largo plazo.

- **Planificación de la transición generacional en la empresa familiar:** Los seguros de ahorro con inversión pueden ser útiles al planear la transición generacional en una empresa familiar; combinan la protección de un seguro de vida con un componente de ahorro e inversión, lo que los hace atractivos para quienes buscan una manera de planificar su futuro financiero.

SEGURO DE HOMBRE CLAVE

El seguro de hombre clave puede ser una decisión muy inteligente: es un tipo de seguro de vida que se utiliza para proteger a una empresa contra la pérdida financiera en caso de la muerte o incapacidad de un empleado clave.

En este seguro el contratante es una empresa. El asegurado es una figura clave dentro de una organización, es decir que si llega a fallecer ocasionaría problemas serios para la estabilidad de la compañía. El beneficiario es la misma compañía, que recibirá una indemnización en caso de muerte de la persona clave. Se pretende que el seguro proporcione recursos suficientes y la liquidez necesaria para estabilizar a la empresa y continuar adelante con su visión y su misión, mientras se busca un reemplazo o capacita y forma a otro miembro del equipo con el conocimiento necesario para que supla las funciones que desempeñaba el empleado fallecido.

Este seguro puede ser una decisión inteligente para una empresa por varias razones:

1. **Protección contra la pérdida de ingresos:** Puede ayudar a cubrir las pérdidas financieras en caso de la muerte o incapacidad de un empleado clave, lo que puede ayudar a minimizar el impacto en la empresa.
2. **Reemplazo de talento:** Puede ayudar a reemplazar a un empleado clave que haya fallecido o por alguna razón ya no pueda continuar con sus funciones, lo que puede ayudar a mantener la continuidad de la empresa.
3. **Estabilidad corporativa y financiera:** Puede brindar estabilidad corporativa y financiera, lo que puede mejorar la atracción de nuevos clientes e inversionistas y garantizar la permanencia de la empresa a lo largo del tiempo.

Es importante tener en cuenta que el seguro de hombre clave tiene un objetivo muy particular y que cada empresa debe evaluar sus propias necesidades y objetivos antes de determinar si este seguro es adecuado para ella. Se recomienda consultar con un asesor de seguros.

SEGURO DE INTERSOCIOS

El seguro de intersocios es un tipo de seguro de vida que se utiliza para proteger a una empresa contra la pérdida financiera en caso de la muerte de un socio. Por varias razones, puede ser una herramienta valiosa para la adecuada planificación corporativa en caso de que algún socio llegue a fallecer:

1. **Protección contra la pérdida de ingresos:** Puede ayudar a cubrir las pérdidas financieras en caso de la muerte de un socio, y así minimizar el impacto en la empresa.
2. **Continuidad de la empresa:** Puede ayudar a garantizar la continuidad de la empresa en caso de la muerte de un socio, lo que puede ayudar a proteger el valor de la compañía y los intereses de los accionistas.
3. **Mejora de la planificación sucesoria:** Contar con este seguro garantiza que los intereses de los accionistas se protejan en caso de la muerte de un socio.
4. **Facilidad de la transición:** Facilita la transición en caso de la muerte de un socio, lo que puede ayudar a mantener la continuidad de la empresa y a proteger los intereses de los accionistas.

Como en todos los casos, es importante tener en cuenta que el seguro de intersocios no necesariamente es adecuado para todas las compañías. Cada inversionista y empresario debe evaluar sus propias necesidades y objetivos antes de tomar una decisión, de preferencia previa consulta con un asesor de seguros.

SEGURO DE SALUD INTERNACIONAL

Un seguro de salud internacional es un tipo de seguro que brinda cobertura médica a personas que viajan o residen en el extranjero. Estos seguros están diseñados para cubrir los gastos médicos que puedan surgir durante un viaje, como una enfermedad o un accidente.

Cómo cualquier seguro, es importante contratarlos de manera previsoria y cuando la persona esté sana y no haya sufrido un accidente. La mayoría de los seguros médicos no cubren preexistencias; si llegan a hacerlo, es con algunas especificaciones, limitantes, periodos de espera y sumas aseguradas específicas para dichas coberturas.

Está dirigido a personas que viajan frecuentemente al extranjero por motivos de trabajo o vacaciones, así como a las que viven en el extranjero por periodos prolongados o están considerando mudarse a otro país. Les brinda tranquilidad y protección ante posibles situaciones médicas imprevistas.

Este seguro incluye cobertura médica en todo el mundo, asistencia en el idioma local, posibilidad de recibir tratamiento médico en las mejores clínicas u hospitales, y una amplia gama de opciones de cobertura para adaptarse a tus necesidades y presupuesto.

Sin embargo, también es importante tener en cuenta que los seguros de salud internacionales pueden ser costosos y que algunos pueden tener limitaciones en cuanto a cobertura y servicios médicos. Es importante leer cuidadosamente los términos y condiciones antes de contratar un seguro de salud internacional.

Los seguros de salud internacionales suelen cubrir todos los gastos relacionados con una enfermedad o accidente, como honorarios médicos, gastos hospitalarios, medicamentos, análisis de laboratorio o imagenología, gastos por terapias, aparatos ortopédicos, prótesis, renta de equipo hospitalario, uso de ambulancia terrestre o área, y lo que se requiera para que el asegurado recupere la salud. Hay variaciones según la compañía aseguradora; para saber exactamente qué cubre cada póliza hay que leer las condiciones generales.

Es importante consultar siempre con un asesor o agente de seguros sobre el caso particular y exponerle claramente las necesidades y la condición de salud del asegurado, para que así pueda dar una correcta asesoría que permita seleccionar el mejor plan para cada quien.

Caso práctico de gestión de riesgos

Nelson J. Zambrano, Normandy Group

La palabra *crisis* infunde miedo en el corazón de muchos, pero en chino el signo para *crisis* es el mismo que para *oportunidad*. Aunque uno no asocia el concepto de crisis con estabilidad, los dos están muy ligados: el manejo de las crisis lleva directamente a la estabilidad en todos los aspectos y en consecuencia surgen nuevas oportunidades. Esto es similar a cuando un jugador de judo recibe un ataque y usa esa energía contra el mismo atacante. El truco es ver la oportunidad dentro de la crisis. Para esto es útil tener un plan inicial o tentativo antes de que ocurra la crisis real.

Para explicar el proceso de toma de decisiones en Normandy Group mientras atravesábamos la pandemia global de covid-19, hablaré de mi propia experiencia.

En Normandy Group nos enfocamos en la adquisición de propiedades que generan ingresos, ya que estas ofrecen el mayor rendimiento con riesgos mínimos. No somos desarrolladores; ellos se enfocan en comprar parcelas vacías y en desarrollarlas, con la esperanza de después venderlas. Por el contrario, nosotros:

- Refinanciamos: sacamos capital inicial y todavía recibimos rentas, que representan un beneficio económico.
- Producimos ingresos por rentas, conocidos como ingresos pasivos.
- Aumentamos el valor del activo/propiedad, mejorando las operaciones de alquiler.

Planificar las crisis o contingencias

Ten un plan listo o por lo menos pon en marcha el proceso de planificación en caso de una crisis. Incluso si la crisis no se materializa, el hecho de que planifiques te ayudará a estar mejor preparado. Un beneficio adicional es que la planeación puede servir para identificar oportunidades de crecimiento dentro de tu mercado, además de posibles riesgos y amenazas para tu negocio.

Cuando golpeó la pandemia, teníamos poco tiempo de haber incursionado en las rentas a corto plazo (*short-term rentals* o STR), también conocidas como propiedades de estilo Airbnb. En aquel momento la mayoría de nuestros huéspedes eran extranjeros. Para nuestra agradable sorpresa, muchos de ellos decidieron quedarse ahí y, por consiguiente, pagar las tarifas. Por un tiempo ellos disfrutaron del ambiente y el sentimiento de comunidad, mientras que nosotros continuábamos generando ingresos. Desafortunadamente, los huéspedes se vieron obligados a irse cuando se anunció el inminente cierre de fronteras.

Así, en menos de tres días, pasamos de tener ocupación casi completa en nuestras propiedades a tenerlas todas vacías. Pero claro, eso no nos eximía de pagar los gastos y los créditos que estas conllevan. A las hipotecas no les importa si las fronteras cierran o no. En la empresa pasamos de la euforia al pánico, la decepción, la resignación y la lluvia de ideas, hasta que recordé el bucle OODA (*OODA loop*), que es una herramienta de toma de decisiones para el mantenimiento de la competitividad, también conocida como el tratamiento de problemas externos.

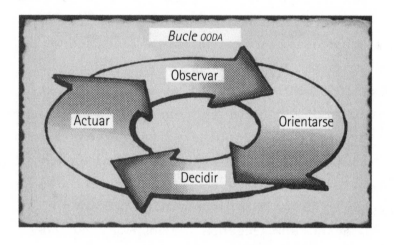

Como oficial del Ejército de Estados Unidos, fui llamado al servicio activo varias veces después de los ataques del 11 de septiembre. En el ejército estuve expuesto a varios modelos y procesos de toma de decisiones. Este es uno de ellos. El bucle OODA fue creado por John Boyd, quien fuera coronel de la Fuerza Aérea de los Estados Unidos; una leyenda en el Pentágono, la mente maestra detrás del caza F-16 y uno de los arquitectos detrás de la resonante victoria aliada/estadounidense en las operaciones Escudo del Desierto y Tormenta del Desierto en la Guerra del Golfo.

Cuando nosotros utilizamos el bucle OODA durante la crisis de covid-19 no hicimos un seguimiento completo, sino que subliminalmente caímos en él. Explicaré cómo cada fase de este bucle se superpone con la fase anterior.

OBSERVAR

Francamente, aquí fuimos un poco lentos. Habíamos oído hablar del covid-19 emergiendo en China y sentimos que no sería una preocupación para nosotros. No nos dimos cuenta, hasta más tarde, de que sería una pandemia global.

Con el covid-19 tuvimos que detenernos y reconocer que se estaba produciendo una crisis. Sin embargo, para nosotros fue muy difícil reconocer que se venía un futuro incierto que podría afectarnos negativamente. Es mucho más fácil meter la cabeza en el suelo como un avestruz, y posponer ciertas cosas con el deseo de que las malas noticias desaparezcan.

Nos hicimos unas preguntas para observar y responder:

- *¿Qué sucede externamente, y cómo afecta directamente a la organización?*
- *¿Cómo es que la organización se ve afectada indirectamente?*
- *¿Es esta la nueva normalidad?*
- *¿Fueron precisas las predicciones anteriores?*
- *¿Dónde y por qué han diferido las predicciones anteriores y la realidad?*

ORIENTARSE

Analizamos cómo nos afectaban las tradiciones culturales, y nos dimos cuenta de que, como parte de nuestra cultura, queríamos proteger a los más vulnerables.

Echando mano de nuestra capacidad de análisis, nos preguntamos cómo podíamos poner eso en práctica, sobre todo al ver la respuesta de los gobiernos a nivel local y federal. ¿Había similitudes o discrepancias? ¿Cómo podíamos cubrir alguna necesidad que otros no resolvieran?

Pronto notamos un aumento en las solicitudes de alojamiento de profesionales médicos, en especial de las enfermeras itinerantes, así que nos acercamos a sus organizaciones y confirmamos que tenían necesidad de alojamientos.

A través de mi podcast *Investing in America* entrevisté a un ejecutivo de Furnished Finder, una empresa de rentas a corto plazo que se dedica específicamente a encontrar alojamiento para enfermeras itinerantes. Para mí, esa fue una manera de recopilar información acerca de los nichos de mercado, y ver cómo podíamos ayudar a cubrir esa necesidad.

DECIDIR

Sabíamos que tanto el gobierno como los servicios esenciales debían continuar operando. A partir de la entrevista con Furnished Finder y el contacto con las enfermeras itinerantes concluimos que esa situación definiría la pandemia. Las enfermeras son, sin lugar a dudas, personal imprescindible y por eso no estaban sometidas a la prohibición de viajes de corto plazo. De nuevo, tuvimos que preguntarnos:

- ¿Cuál es el tamaño de este mercado?
- ¿Cómo podemos acceder a él?
- ¿Qué habilidades necesitamos aprender?
- ¿Hay un retorno atractivo de la inversión?

Cuando decidimos que este era el mejor curso de acción posible, nos pusimos en marcha.

ACTUAR

Inmediatamente comenzamos a dirigir nuestra comercialización hacia las enfermeras itinerantes. Descubrimos dónde se publicaban las asignaciones de enfermería, y comenzamos a interactuar en foros y sitios de reclutadores para ofrecer alojamiento a enfermeras en Fort Lauderdale y Miami. Eso finalmente nos llevó a ingresar al negocio de alquileres a mediano plazo, que consiste en estadías de entre 30 y 90 días. A través de él alcanzamos casi el 100% de ocupación en nuestras propiedades, exclusivamente con enfermeras itinerantes.

De esta manera logramos adaptarnos y hacer frente a la pandemia de covid-19, y sobrevivir como empresa durante uno de los periodos más difíciles. El bucle OODA, que ahora es parte de nuestra planificación a largo plazo, fue fundamental.

PARTE IV

Oportunidades de inversión

Capítulo 15

Bienes raíces tradicionales

Jorge Kupferman, Miami Life Realty

No esperes a comprar propiedades inmuebles: compra propiedades inmuebles y espera. Así son los bienes raíces. Es uno de los mejores negocios, más conservadores y seguros para las inversiones. Con mayor razón en Estados Unidos, que con una moneda fuerte y su seguridad jurídica nos brinda tranquilidad y al mismo tiempo revalorización y rentabilidad.

A esto se suman tres características que facilitan la decisión a la hora de invertir: sencillez (porque todo el proceso puede hacerse a la distancia), transparencia (porque no hay subfacturación ni sobrefacturación: los números reales de cada operación estarán siempre a la vista de los participantes de cada transacción) y seguridad (porque todo se hace por transferencia bancaria y el dinero queda en cuentas bien custodiadas).

EL MERCADO INMOBILIARIO EN FLORIDA

Tomemos como ejemplo dos de los destinos preferidos por los latinoamericanos que invierten en propiedades en Estados Unidos: Miami y Orlando. Ambas ciudades tienen en común un crecimiento poblacional real sostenido desde hace décadas, al que se suma un movimiento permanente, e incluso en aumento, de turistas que las visitan cada año.

En Miami encontraremos todo tipo de propuestas de inversión. Por un lado, propiedades usadas, en barrios por lo general no muy conocidos por los turistas, donde es factible encontrar propiedades en valores por debajo de los 200 000 dólares en las que se puede invertir para obtener una rentabilidad razonable y buena revalorización a futuro.

Es importante saber que no todos los edificios tienen los mismos reglamentos. Cada uno tiene sus limitaciones particulares, que hay que considerar seriamente al invertir. Por ejemplo, la restricción a la renta, que fija un periodo que tiene que transcurrir antes de que el nuevo propietario pueda rentar su unidad.

Entre quienes sí permiten renta desde el primer día de la adquisición, debe revisarse si se permite la renta anual, semestral, trimestral, mensual o diaria, con el fin de entender cuál es la factibilidad, facilidad y finalidad con la que la propiedad podrá rentarse.

Las unidades para *short term rental* suelen ser más costosas que las que únicamente admiten rentas anuales, y por lo general se encuentran en las zonas de playa o mayor afluencia de turistas, así que suelen rentarse a precios más altos. Eso sí, hay que tomar en cuenta que la administración y los gastos de mantenimiento también podrían ser mayores a los de una renta anual a un residente local.

Una de las estrellas en el sur de Florida, principalmente en Miami, es la compra de propiedades en preconstrucción, también llamada de pozo, en verde o en planos. La gran ventaja de esta inversión es que uno puede ir pagando en cuotas a medida que la construcción avanza. En general, lo habitual para adquirir una unidad en estos complejos es entregar un inicial o *down payment* del 10% en el momento de formalizar la reserva, un 10% adicional a la firma del contrato, el 30% que completa el primer 50% en distintas etapas durante la construcción, y el saldo a la entrega de la propiedad.

Orlando, por su parte, es más conocida por la gran oferta de propiedades para alquiler temporario o vacacional, sobre todo por la llegada de cerca de 80 millones de visitantes de sus parques temáticos cada año. Al igual que en Miami, aquí también encontrarás proyectos terminados y proyectos de preconstrucción que se prestan perfectamente a este tipo de inversiones, con buenos niveles de rentabilidad anual.

El mercado de rentas anuales va creciendo por el aumento poblacional, impulsado por gente que llega desde otros lugares de Florida a radicarse aquí, ya que el costo de vida, aunque mayor que el de otros estados, es menor que el del sur de Florida.

Cada vez más gente llega a invertir aquí, proveniente no solo de América Latina, sino de Europa y otros lugares de Estados Unidos, gracias a la variedad de opciones y las ventajas que les ofrece el sistema.

Como la propiedad inmobiliaria se puede vender o rentar, es una inversión versátil y de largo plazo. La construcción de propiedades unifamiliares, aunque requiere más tiempo que otras inversiones, ofrece oportunidades de alto rendimiento, y su rápida salida al mercado, por tratarse de propiedades nuevas, la hace aún más atractiva.

Así, la construcción de propiedades unifamiliares en Estados Unidos puede ser una excelente opción de inversión inmobiliaria. Con planificación cuidadosa, análisis de mercado y selección de proveedores adecuados puedes obtener retornos atractivos y asegurar el éxito de tu proyecto. Ordena tus ideas y ponte en marcha hacia la claridad y la prosperidad en tus inversiones inmobiliarias. El mercado inmobiliario ofrece grandes oportunidades para inversores visionarios.

Capítulo 16

Inversión inmobiliaria en mercados emergentes

Salvador Pepe, AS Inversiones

POR QUÉ INVERTIR EN UN MERCADO EMERGENTE

Invertir en bienes raíces en mercados emergentes puede ser una oportunidad interesante para los inversores que buscan crecimiento de patrimonio a largo plazo y diversificar su cartera mientras obtienen una tasa de retorno atractiva.

Empecemos por algunas definiciones. Un mercado inmobiliario es básicamente una zona geográfica amplia donde se realiza la compra y venta de bienes raíces, mientras que un submercado inmobiliario es una sección más pequeña dentro de un mercado inmobiliario que tiene características específicas y una dinámica de precios diferente.

Los submercados inmobiliarios pueden ser más sensibles a las fluctuaciones del mercado y pueden ser más propensos a experimentar cambios bruscos en los precios de las viviendas en comparación con los mercados inmobiliarios más amplios.

Un mercado inmobiliario estable es uno en el que la demanda y los precios de la propiedad son relativamente estabilizados y predecibles. Estos suelen estar ubicados en economías desarrolladas y presentan un riesgo bajo para los inversores. Sin embargo, también puede haber limitaciones en cuanto a las oportunidades de crecimiento y rentabilidad en comparación con los mercados emergentes.

Un mercado inmobiliario emergente es uno que está experimentando un crecimiento rápido en lo que se refiere a la demanda y los precios de las propiedades. Estos suelen estar ubicados en economías en desarrollo y pueden presentar oportunidades de inversión atractivas para quienes buscan una rentabilidad alta.

En general, la elección entre un mercado inmobiliario emergente o estable depende de los objetivos y la tolerancia al riesgo de cada inversor.

LAS CUATRO FASES DEL CICLO DEL MERCADO INMOBILIARIO

El mercado inmobiliario es cíclico, y para ser un buen inversor inmobiliario es importante conocer y comprender en qué etapa se encuentra el mercado y hacia dónde se dirige. Estos ciclos están sucediendo simultáneamente. Aunque la economía nacional sea sólida, las ventas de bienes raíces en algunas áreas pueden disminuir. En cualquier momento, una ciudad puede encontrarse en una de las cuatro fases del ciclo del mercado inmobiliario, con algunas partes en diferentes fases a la vez. Tu capacidad para obtener grandes beneficios radica en saber en qué fase se encuentra cada mercado, ya que cada una requiere diferentes acciones por parte del inversor. De las cuatro fases, hay una que puede generar riqueza más rápidamente que las demás.

Comprender el ciclo del mercado inmobiliario es fundamental para maximizar las ganancias en los mercados emergentes. Las fases del mercado inmobiliario son: recuperación, expansión, sobreoferta y recesión. La fase de recuperación es un buen momento para comprar, ya que los precios son muy atractivos, aunque la mejor es la fase de expansión, cuando falta poco tiempo para que los precios comiencen a calentarse a medida que se avanza a la siguiente fase, sin que hayan dejado de ser atractivos.

CÓMO EVALUAR UN MERCADO INMOBILIARIO EMERGENTE

Los inversores en bienes raíces más experimentados están siempre alertas para detectar nuevos mercados emergentes; cuando los encuentran trasladan sus inversiones de los mercados maduros a los emergentes para maximizar sus ganancias de manera constante.

Para evaluar un mercado emergente hay que seguir tres pasos: revisar los datos demográficos y económicos, interpretar la información y hablar con locales. También es clave conocer el crecimiento laboral. Aunque suene obvio, no todos los inversores toman en cuenta que a mayor crecimiento laboral en una zona, mayor demanda inmobiliaria habrá ahí, y viceversa.

La inversión inmobiliaria puede ser una herramienta poderosa para crear riqueza y seguridad financiera a largo plazo. Mantente centrado en tus objetivos, investiga cuidadosamente cada oportunidad y haz lo necesario para proteger tus inversiones.

Capítulo 17

Consideraciones para el éxito de una inversión inmobiliaria

Sergio Chanteiro, First Service Realty

El primer paso en el horizonte del inversor es decidir el lugar donde emprenderá el negocio, y qué mejor opción que el sur de Florida. Desde hace más de una década Florida es el estado con mayores compradores extranjeros de viviendas. Por cada cinco transacciones de bienes inmuebles en los Estados Unidos, una ocurre en Florida.

CRITERIOS PARA UNA BUENA INVERSIÓN

Muchos potenciales inversionistas quieren saber cuánto es el retorno de una propiedad en Miami. Esto depende. El retorno diario, semanal, mensual o anual de una propiedad no es el factor determinante para efectuar una operación inmobiliaria en Estados Unidos. Las oportunidades están ahí afuera, esperándonos. No importa cómo esté el mercado en general. Lo que para algunos puede ser un riesgo o un problema, para otros representará un beneficio económico. El criterio que propongo para saber si estamos frente a una oportunidad en bienes raíces es que reúna cuatro puntos:

1. Retorno o *return on investment*

Puede definirse como los ingresos netos en un periodo (generalmente anual) respecto del desembolso inicial de una inversión; es decir, el dinero que vamos a percibir luego de liquidar los gastos, que en *real estate* representan: *a)* el impuesto de la propiedad, *b)* las cuotas que cobra la asociación de propietarios, *c)* el pago de la hipoteca, en el supuesto de habernos apalancado para la inversión, *d)* los seguros del hogar y daños patrimoniales, *e)* otros (gastos propios efectuados para mejoras o reparaciones, etc.). En un momento dado pueden incrementarse tales gastos por el contexto local y mundial y, consecuentemente, baje el retorno. Si no tuviéramos más aspectos en consideración, eso nos llevaría a concluir precipitadamente que la inversión no fue del todo buena.

En otros casos, sobre todo cuando se paga el total del valor de la propiedad, el retorno puede ser más elevado. Si a eso le agregamos un escenario de calma financiera (lo que posiblemente suceda en los próximos años, según proyecciones de economistas), el retorno será constante, continuo y, sobre todo, sin imprevistos extraordinarios. Bajo esta premisa, podríamos arribar a la conclusión de que fue una buena inversión, pero no necesariamente. Imaginemos que teníamos alquilada una propiedad con un retorno del 10% anual, y de repente el inquilino deja de pagar el alquiler o no renueva el contrato. El retorno pasa a ser negativo. Aquí el retorno entra en juego con los puntos de apalancamiento y la estrategia de salida.

2. Valorización de la propiedad

Qué valor alcanzará el inmueble en un cierto tiempo desde su adquisición es otra pregunta recurrente de los potenciales inversionistas, sobre todo de los que compran proyectos de preconstrucción. Ningún agente inmobiliario tiene una bola de cristal para conocer el valor que tendrá una propiedad en el futuro, pero hay variables, escenarios económicos y sociales y otros factores que permiten sacar una proyección. Los agentes de *real estate* de Florida contamos además con vastos recursos tecnológicos para informar con certeza a nuestros clientes los anteriores valores de compraventa de cada propiedad. De hecho, esos datos arrojan que el precio de las propiedades en Florida se ha incrementado desde 2008 a la fecha, antecedente no menor para el inversionista al escoger el sitio de su negocio inmobiliario.

3. Apalancamiento

Es fundamental comprar una propiedad, o mejor dicho, buscar una oportunidad de inversión, en destinos donde permitan a los compradores apalancarse para adquirir una propiedad, es decir, constituir una hipoteca sobre el bien. Esto, por un lado, coadyuva a la compra, y por el otro permite mayores ofertas de la propiedad ante una posible venta y, dado el caso, llevarla a cabo en el menor tiempo posible. Un inversor extranjero en Florida puede comprar una propiedad efectuando un pago inicial (*downpayment*), que oscila en el rango del 30% del valor, y constituir una hipoteca de hasta 30 años por el excedente del precio del inmueble con tasas fijas los primeros tres, cinco o siete años, que actualmente rondan entre el 6 y el 8% anual.

Otra posibilidad que ofrece el mercado financiero de Florida es el *cash-out*: la obtención de efectivo hipotecando la propiedad, que a veces se emplea para avanzar en otra inversión inmobiliaria.

4. Estrategia de salida

Pensar en comprar es más fácil que pensar en vender, pero cuando alguien va a invertir le conviene reflexionar acerca de la estrategia de salida de la inversión, ya sea reinvertir, tomar ganancias, vender la propiedad. En el momento de la venta entran también en juego variables muy distintas a las de compra, como pago de impuestos, destino del dinero, abogados, pero la primera es, naturalmente, conseguir un comprador. Aquí es donde el plan o estrategia de salida requiere los otros puntos: necesita que la propiedad a vender haya tenido un retorno favorable, o mínimamente sin pérdidas. Necesita que se haya revalorizado la propiedad o al menos no se haya depreciado. Necesita que el comprador pueda apalancarse, porque quiere decir que más gente podrá acceder a la vivienda. Florida posee un gran abanico de compradores, lo que promete un plan de salida más conveniente y sencillo que en otras plazas de inversión.

Capítulo 18

Invertir en preconstrucción

Salvador Pepe, AS Inversiones

Luigi Ranieri, Smartors

La inversión en propiedades en preconstrucción es una estrategia de inversión inmobiliaria que en los últimos años se ha vuelto cada vez más popular y puede reportar grandes beneficios.

LA PRECONSTRUCCIÓN DESDE EL PUNTO DE VISTA DEL INVERSOR

Como su nombre indica, la preconstrucción consiste en comprar una propiedad antes de que se construya. Es decir, compras un terreno o un espacio vacío en un desarrollo inmobiliario y pagas un anticipo para asegurar el derecho de compra antes de que esté lista la propiedad. Luego, durante la construcción, haces pagos adicionales hasta que la propiedad esté terminada. Cuando está lista, puedes venderla o alquilarla.

Esta estrategia tiene varias ventajas. Una es que el precio de compra es generalmente más bajo que el precio de venta de la propiedad una vez que se complete la construcción. Se debe a que el constructor quiere asegurarse de que haya suficiente interés en el proyecto antes de comenzar la construcción, por lo que a menudo ofrece descuentos para atraer a los compradores. Esto significa que el inversor puede asegurar una propiedad a un precio más bajo que el valor de mercado actual y, por lo tanto, obtener un mayor retorno de inversión una vez que se concluya el proyecto.

Además, al invertir en preconstrucción, tienes la opción de financiar la propiedad a través de un plan de pagos a largo plazo. En lugar de pagar el precio total de la propiedad de una sola vez, puedes hacer un depósito inicial y luego pagar el saldo restante en cuotas a lo largo de la construcción. Si necesitas un préstamo para saldar la propiedad cuando esté lista, tienes bastante tiempo para que se apruebe.

Otra ventaja de comprar en preconstrucción es que puedes personalizar la propiedad según tus gustos y preferencias. Por ejemplo, puedes elegir los acabados y materiales de construcción, y aumentar así el valor de la propiedad, además de hacerla más atractiva para los futuros compradores o inquilinos y aumentar así su valor de mercado.

Al comprar en preconstrucción tienes también la oportunidad de obtener descuentos en el precio de compra u otros incentivos que ofrecen los constructores, como mejoras gratuitas en la propiedad o incluso aportes en los costos de cierre al finalizar el proyecto, lo que puede representar una ganancia significativa.

Además de estas indudables ventajas, hay algunas desventajas que debes tener en cuenta. La primera es que la construcción puede retrasarse y, en algunos casos, tomar más tiempo de lo previsto. Esto puede afectar tus planes de inversión y retrasar la generación de ingresos.

Otra es que el valor de la propiedad puede disminuir si el mercado inmobiliario se debilita. En este caso, puede que no logres vender la propiedad por el precio que esperabas y tengas que asumir pérdidas financieras.

Hay otros factores a considerar antes de invertir en preconstrucción, para maximizar las posibilidades de éxito. En primer lugar, es fundamental investigar al constructor y al proyecto. ¿Tienen una buena reputación en la industria de la construcción? ¿Han completado proyectos similares en el pasado? ¿Cuáles son las especificaciones del proyecto?

También es importante tener en cuenta el mercado inmobiliario en la zona donde se construirá la propiedad. ¿Está en alza el mercado? ¿Hay demanda de propiedades en esa área? ¿Cuáles son las perspectivas de crecimiento de la zona a largo plazo?

Otra consideración es el presupuesto que puedes destinar. El costo total de la inversión no se limita al precio de compra de la propiedad en preconstrucción: están el depósito inicial, los costos de cierre, los costos de mantenimiento y los impuestos sobre la propiedad. Es recomendable que tengas un presupuesto sólido y una estrategia clara para cubrirlos. Es posible que los costos de mantenimiento y los impuestos sobre la propiedad aumenten una vez que se complete la construcción.

Finalmente, pero no al último, hay un tiempo de espera. Antes de que se complete la construcción no podrás obtener ganancias. Esto puede significar varios meses o incluso años, dependiendo del proyecto y la velocidad de construcción.

A pesar de todo, invertir en preconstrucción puede ser una excelente manera de aprovechar las oportunidades del mercado inmobiliario y obtener grandes beneficios, sobre todo si eliges proyectos ubicados en áreas con una alta demanda de propiedades. Las que se ubican en zonas *trendy*, cerca de playa o escuelas, con transporte público, lugares de trabajo y zonas comerciales, pueden tener una demanda más alta y, por lo tanto, ser más fáciles de vender o alquilar.

Ten una estrategia clara para la propiedad. ¿Se utilizará como una inversión a largo plazo o se venderá cuando la construcción esté terminada? ¿Se alquilará para generar ingresos? Esta claridad te ayudará a tomar decisiones informadas y maximizar el retorno de tu inversión.

Capítulo 19

Un modelo de inversión inmobiliaria

Erik Bladinieres, Visa Solutions

INVEST

La firma Visa Solutions creó un novedoso programa llamado INVEST, que ofrece una solución integral a quienes buscan invertir con miras a la obtención de una visa que les permita residir en Estados Unidos.

¿Pero cómo y por qué crearon este programa?

«Personalmente vine hace siete años a Estados Unidos con la visa E-2, invirtiendo en franquicias de helados de yogurt y con muy poca asesoría en muchas áreas, lo que me llevó a pagar un precio muy alto, dolores de cabeza y pérdida importante en mi inversión, poniendo en riesgo mi situación migratoria y financiera. Por suerte después de mucho trabajo logré salir adelante. Hoy puedo mirar hacia atrás capitalizando todo lo aprendido y ofreciéndolo a nuestros clientes, para ayudarlos a tener un soft landing *en Estados Unidos tanto migratorio como de negocios y familiar»*, cuenta Erik.

Lo más importante antes de invertir o venirte a Estados Unidos es la parte migratoria: necesitas un abogado migratorio que arme todo tu caso. Por ello, el programa contempla la creación de una carpeta completa con un plan de negocios y toda la información necesaria para justificar la visa y tu inversión.

Se integra un equipo multidisciplinario, compuesto por el abogado migratorio, abogados corporativos, despachos fiscales y los equipos de compliancia y construcción para guiarte y acompañarte en la provisión de toda la documentación y creación del negocio necesarios, con el fin de lograr un caso migratorio exitoso y estable.

En cuanto a la inversión, se integra un proyecto de bienes raíces, a través de la división Zion Homes, la que te brindará la guía y consultoría para crear, desarrollar y montar un negocio exitoso. ¿El objetivo? Convertirte en el dueño y director general de una constructora en Estados Unidos.

Para el *start-up* requerirás de los abogados corporativos y el despacho contable para abrir la empresa en los Estados Unidos con todas las de la ley. A estos profesionales se sumará también el equipo para la reubicación, que te ayudará a ti y a tu familia a incorporarte y adaptarte a la vida en Estados Unidos. Te conectarán con proveedores de la zona a la que decidas mudarte y te asesorarán en todos los detalles para que puedas tomar las decisiones correctas para radicarte en este país.

La idea es que, más allá de ser una vía de acceso a tu visa, sea también un negocio rentable, bueno y muy estable, que funcione como reloj durante los siguientes cuatro años y llegado el momento, si así lo decides, puedas renovarlo.

Más de 38 000 personas al año vienen a Estados Unidos con la visa E2 a través de la iniciación o adquisición de un negocio. Se estima que entre el 20 y el 40% de esos negocios fracasan en menos de dos años por diferentes razones. Se oyen muchas historias, buenas y malas. Mediante este modelo, Visa Solutions pretende evitar que seas parte de la estadística negativa. Que formes parte de los casos de éxito de personas que viven en Estados Unidos con estabilidad migratoria, fiscal y financiera.

VISA SOLUTIONS Y ZION HOMES

Son una consultora integral de migración y una desarrolladora de bienes raíces, que trabaja con ocho constructoras muy fuertes en diferentes puntos del estado de Texas.

En Estados Unidos el tiempo promedio de construcción de una nueva casa oscila entre seis y ocho meses. La venta puede tomar típicamente entre 60 y 90 días. El precio promedio de las casas es de 287 000 dólares. Los retornos para el inversionista están topados a un máximo estimado de 5% con una inversión fija de 250 000 dólares como capital 100% operativo.

El servicio 360° que ofrecen incluye tanto la asesoría para alcanzar la estabilidad migratoria y financiera como de inversión, seguridad, rentabilidad y tranquilidad. Prometen operar con total transparencia financiera: a partir de la firma de un acuerdo se paga la tarifa de servicio e inmediatamente después se crea la compañía del inversor. La empresa va a ser en su totalidad de tu propiedad y de los socios que tú decidas. Se abre una cuenta de banco, que también será tuya, y transferirás tu inversión a esa cuenta. No es un fondo de inversión: es una inversión única en tu propio negocio. Con esto se firmará un contrato de consultoría para que te asesoren y lleven de la mano con el fin de ayudarte a operar el negocio, pero siempre con tus decisiones y el control financiero.

En todo momento vas a tener tu inversión en activos o en flujo. La compañía te presentará el proyecto de inversión con su presupuesto, viabilidad, planos arquitectónicos, permisos y todo lo que se necesita para arrancar la obra de tu casa, con tu autorización como director general. Al terminar la construcción, unos meses después, la casa será de tu empresa. Al momento de la venta, la casa de títulos que lleva la venta (el equivalente del notario) tomará el dinero y lo distribuirá. Primero regresará tu capital a tu empresa, después tus retornos y Visa Solutions será la última en cobrar por su participación como consultor, mientras que a Zion Homes se le pagará un *Licensing Fee*. Todo el proceso, desde que se realiza la inversión, se empiezan a recibir rendimientos y se obtiene la visa, toma habitualmente entre seis y ocho meses.

Al momento de la venta de la primera casa completada por tu empresa comenzarás a recibir rendimientos que serán reinvertidos. Normalmente se completan en promedio entre 1.3 y 1.5 casas al año. Si se mantiene este ritmo, durante el segundo año se venderán una o dos casas más (la segunda y la tercera); este flujo le permite a la compañía comenzar a repartir dividendos, repitiendo el esquema los años dos y cuatro del primer ciclo, hasta el momento de la renovación de la visa.

Al cierre de esta edición, más de 150 extranjeros ya están dentro del programa, viviendo en Estados Unidos junto a sus familias, con sus visas, sus inversiones y sus casas vendidas, disfrutando de la estabilidad migratoria y financiera que les brinda este gran país.

Capítulo 20

Invertir en construcción y remodelación

Andrés Guerra-Vélez, Metropolitan Real Estate Holding Group

En términos generales, las etapas de inversión, ya sea para *fix and flip* (compra de propiedades por debajo del valor del mercado para remodelarlas y venderlas con un mayor valor) o construcciones nuevas, son: encontrar, analizar, controlar y emplear estrategias de salida.

ENCONTRAR

La información sobre dónde encontrar las propiedades se divide en dos:

1. *On-market*. Propiedades que están listadas en la MLS (base de datos compartida por los *realtors* que pertenecen a las asociaciones de agentes inmobiliarios). Es muy importante que formes una red con agentes inmobiliarios que entiendan tu objetivo.
2. *Off-market*. Propiedades que no aparecen en la MLS, con potencial de comprarse a bajo precio. Suelen ser propiedades que tienen demandas de contratistas a los que

el propietario no les pagó, con impuestos atrasados, en proceso de embargo por el banco, en proceso de sucesión, con demandas por las compañías que las administran, vacías, con propietarios con problemas de salud, en etapas críticas de falta de trabajo de sus dueños, etcétera.

ANALIZAR

Este negocio es como un embudo. Tienes que mirar innumerables propiedades, lotes o casas, que se van ubicando en la parte superior del embudo, y luego se convierten en prospectos que parecen tener el potencial de ser buenas compras. Después de tener una posible propiedad hay que hacer una investigación detallada de su valor a futuro una vez que esté arreglada o construida, cuánto costarán las reparaciones y construcción y cuál es nuestra oferta máxima de compra, proceso que gracias a la alta competencia existente debe de hacerse en cuestión de horas, para no perder la oportunidad.

Debemos tener en cuenta los costos asociados a las transacciones, ya sean *fix and flip* o nuevas construcciones. Cuando compramos están el valor del contrato, los costos de la documentación técnica, los permisos, los cobros del gobierno de la ciudad, los costos de remodelación o construcción, los gastos de escrituración y cierre, los costos financieros de la hipoteca, los costos de mantenimiento y, claro, lo que cueste la propiedad. Cuando vendemos, hay que restar al valor de la venta, los gastos de escrituración y cierre, la comisión del *realtor* y el balance de la hipoteca.

CONTROLAR

Controlar la propiedad no significa comprarla; significa que cuando encuentras la propiedad correcta, llámese terreno para construir o propiedad existente, y tienes el análisis y determinas que es realmente un buen negocio, la pones bajo contrato y colocas el depósito que se acuerde en el contrato con el vendedor. En ese momento controlas la propiedad; estás bajo contrato. Aunque no la has comprado, tienes sobre ella, legalmente, derechos e intereses. Eso te permite determinar qué estrategia de salida quieres darle.

EMPLEAR ESTRATEGIAS DE SALIDA

Es posible que la idea durante el proceso de consecución de la propiedad haya sido construir para vender o arreglar para vender, pero como inversionista puedes escoger entre otras estrategias que te traigan ingresos o una mayor rentabilidad.

Wholesale. Puedes buscar un inversionista para, por un monto determinado, asignarle el contrato, o bien desarrollar el proyecto junto con otros inversionistas.

Fix and hold. Compra, remodelación y renta de propiedades con objeto de generar un ingreso pasivo y esperar una apreciación de la propiedad para venderla a mediano o largo plazo.

Seller finance. Compra, remodelación y venta de la propiedad ofreciéndole una financiación al comprador.

Rent to own. Compra, remodelación y renta de la propiedad con un contrato que le permitiría al arrendatario comprar la propiedad en los términos que se definan en el contrato. Esta alternativa es buena, ya que el mantenimiento correría por cuenta del arrendatario.

BRRR. Compra, remodelación, renta y refinanciación de la propiedad. Esta estrategia permite liberar parte del capital invertido, que la renta pague los costos mensuales y reinvertir en otra propiedad.

El ámbito de los bienes raíces en Estados Unidos es muy amplio. Todo el mundo, literalmente, quiere venir y formar parte de él. Debemos tener claridad del tipo de inmueble, el comportamiento y las ventajas de cada mercado, y el producto correcto en cada uno. Cada comprador tiene gustos e intenciones diferentes, pero siempre hay oportunidades que, con buena información, las personas correctas y disciplina, representan una forma de vida rentable y maravillosa.

Capítulo 21

Inversiones inmobiliarias en Texas

Johana Quijano, Johanna Realty Group

Manuel Noriega, Norei

A lo largo de este libro se han explicado ya las características generales del mercado inmobiliario en Estados Unidos, los profesionales con los que hay que asesorarse, los pasos a dar para adquirir un inmueble, las mejores visas para inversionistas, los tipos de hipoteca disponibles para extranjeros, cómo hacer el análisis financiero, lo que debe establecerse en el contrato y todo lo que hay que tener en cuenta a la hora de tomar una decisión. Aquí detengámonos, pues, en otro tema: los tipos de propiedades entre las que el inversionista puede elegir de acuerdo con sus intereses y sus posibilidades.

OPORTUNIDADES COMERCIALES DE INVERSIÓN INMOBILIARIA

Menudeo: múltiples inquilinos

Un ejemplo son los centros comerciales. Se tienen múltiples inquilinos con alto grado de confiabilidad y giros comerciales que no se ven afectados por la competencia de la venta de productos en línea. Los plazos promedio son de tres a cinco años y con extensión por periodos de mínimo tres años. El arrendamiento es bajo el esquema triple neto o renta neta.

Menudeo: inquilino individual

Se renta a comercios individuales bajo el sistema denominado triple neto. El propietario recibe el monto de renta mensual neta como ingreso pasivo. El inquilino es el responsable de pagar el impuesto predial, el seguro de riesgo y el mantenimiento. Es un esquema sólido; el alquiler está garantizado por el corporativo (por ejemplo, Starbucks, CVS, Chick-fil-A). El plazo promedio es de cinco a 10 años y los términos de renovación son hasta por 20 años o más. Se incluye únicamente el inmueble, no la franquicia.

Bodegas y naves industriales

Estos son proyectos llave en mano, para quien planea ubicar una empresa y requiere infraestructura de almacenamiento, logística y distribución. La inversión es una generación de ingreso pasivo, mediante la obtención de retornos atractivos y seguros. Se arrienda bajo el esquema triple neto o renta neta, donde el inquilino es responsable de pagar el impuesto predial, el seguro de riesgo y el mantenimiento. El plazo de arrendamiento es de mínimo cinco años.

Desarrollos residenciales

Incluyen el proyecto arquitectónico, la tramitación de licencias y permisos, la construcción y la comercialización de las unidades residenciales (single, dúplex, fourplex, multiplex). Se manejan la venta o la renta de las unidades de acuerdo con los requerimientos financieros del proyecto.

Residencial individual

Es la compra, venta o renta de inmuebles residenciales, tales como casas, departamentos para uso propio y condominios.

Uso específico

Pueden buscarse inmuebles de uso específico, como restaurantes, hoteles, consultorios, o propiedades con giros definidos y acordes con los requerimientos de la inversión.

ESTRATEGIA

En la empresa inmobiliaria Noriega Real Estate International tenemos una estrategia de negocios que se compone de los siguientes pasos, para asegurar la óptima selección de las oportunidades de inversión inmobiliaria:

1. Detectar

En la base de datos inmobiliaria más grande de Estados Unidos podemos localizar las opciones que coinciden con las requeridas en la definición de los criterios de inversión o tienen cualidades similares.

2. Evaluar

Con herramientas de análisis de parámetros financieros utilizados en el ámbito financiero se evalúan y proyectan los escenarios financieros actuales y los presupuestados, de acuerdo con el proceso de mejoramiento físico requerido por las opciones elegidas.

3. Presentar

Una vez realizada la evaluación financiera, se someten las opciones a la evaluación y revisión por el inversionista.

Conclusión

Independientemente del clima político, Estados Unidos es un país muy generoso y agradecido con la inversión extranjera. Comprar una propiedad en Estados Unidos como extranjero y cumplir es más fácil de lo que te imaginas. Aquí las leyes de justicia e igualdad se aplican a todos sin importar estatus migratorio, nacionalidad o edad. Una persona de 18 años puede comprar una propiedad y también una de 120 años. El sueño americano es para todos.

Capítulo 22

Bienes raíces no tradicionales
El filantroinversor inmobiliario

Jaime Gómez, Equity & Help

¿QUÉ ES LA FILANTROINVERSIÓN?

La inversión filantrópica es una novedad en el campo de las inversiones. Es un sistema único que puede cambiar tu vida y la de muchas otras personas, un modelo para quienes, más que ganar dinero por el dinero mismo, quieren crear una vida mejor para sí mismos y para los demás mientras reciben retornos de dos dígitos.

Aunque Estados Unidos es uno de los países más ricos del mundo y controla una de las monedas más poderosas del planeta, más de la mitad de la población no califica para una hipoteca tradicional de un banco. Esa mitad nunca experimentará la estabilidad y el orgullo de ser propietaria de su vivienda. No hay escasez de viviendas; hay un problema de acceso y un problema con la forma en que se aborda la inversión tradicional.

Encuestamos a más de 10 000 inversores que ganaban más de 100 000 dólares al año y les preguntamos qué era lo que más les importaba en relación con sus inversiones. Encontramos que buscan inversiones con propósito e inversiones claras con resultados claros. La gente quiere hacer el bien: solo necesita que se le presenten oportunidades transparentes.

Debemos cambiar la forma en la que vemos el dinero. El dinero es más útil cuando tiene un propósito detrás.

HACIA LA LIBERTAD FINANCIERA

La única manera de llegar a la verdadera libertad financiera es a través de la filantroinversión. Consiste en invertir con un propósito, y ese propósito es generar vida, no suprimirla.

Como filantroinversor, cada paso del camino no solo te beneficia a ti mismo y a tu familia, sino al resto de la humanidad. Cuanto más crees, más ayudarás a los demás. Cuanto más dinero tengas, más podrás invertir en un mundo mejor. Y cuanta más abundancia, mayor será tu impacto y más amplia tu línea de propósito.

La verdadera libertad financiera está más allá de la riqueza. Si nuestra abundancia es únicamente para uno mismo, diría que no es verdadero bienestar porque se carece de conexión con los demás y falta un propósito.

SER EL BANCO

El sistema inmobiliario tradicional tiene muchos defectos para un inversionista que busca aumentar su capital personal y su flujo de caja.

Para ser un inversionista inmobiliario filantrópico se necesita combinar el modelo de negocio consistente en remodelar viviendas para venderlas, con el modelo bancario, además de crear un modelo de negocio llave en mano.

Hay tres resultados posibles cuando prestas dinero y te preocupas por las familias trabajadoras con buenas intenciones. Cada uno de ellos favorece al prestamista:

1. Los prestatarios no pagan y tú, como banco, recuperas el activo para revenderlo y obtener ganancias
2. Los prestatarios pagan el préstamo a su banco (en este caso, a ti) cuando encuentran una opción más favorable para pedir dinero prestado (y tú, como banco, recuperas todo tu dinero más el capital)
3. El prestatario paga el préstamo de la forma acordada y tú, como banco, recuperas todo tu dinero, más la ganancia

De cualquier manera, el banco se beneficia. Esa es la verdadera estabilidad contra la recesión, pues tu inversión estará respaldada por un activo físico. Ser el prestamista también te da libertad para operar en múltiples áreas geográficas, y tú decides a quién otorgas un préstamo y cuáles serán las condiciones.

UN LEGADO QUE IMPORTA

Cuando trabajas para ayudar, los beneficios van más allá de tu sentimiento de satisfacción y de una vida más rica, y se reflejan en tu legado. El legado nace de cómo vives. Se trata de aprender del pasado, vivir en el presente y construir para el futuro. El concepto de legado puede recordarnos el final de la vida, pero en realidad no se trata de eso. Estamos hablando de lo que dejamos, nuestro sello en este planeta en función de cómo elegimos vivir el ahora. El legado puede ser un gran motivador para tomar decisiones con propósito. Nuestro legado tiene el potencial de ir más allá de nosotros. ¿Qué clase de mundo dejaremos cuando nos hayamos ido?

La filantroinversión es algo por lo que serás recordado, algo que mejorará la vida de tus hijos y algo que también creará un legado para las familias que has convertido en propietarias de viviendas.

Puedes pensar que solo estás invirtiendo en una casa, pero es mucho más que eso: estás impactando en la vida de la gente y sus vecindarios, y en la comunidad en general. Esto no nada más te brinda un profundo nivel de realización personal, sino una motivación que va más allá de tu dinero. Para lograr este propósito durante tu tiempo en esta tierra, empieza ya y despierta a tu filantroinversor interior.

Capítulo 23

Sé dueño de una habitación de hotel

Leo Bagnato, Grupo Developer y Developer Inn

Developer Inn es una solución para pequeños ahorradores y una oportunidad para el inversor experto. Nuestro modelo de inversión ha sido exitoso desde su lanzamiento. En tres años hemos puesto en valor y operando cinco y vendido la totalidad de las habitaciones de cuatro hoteles. Cada una de estas propiedades fue adquirida por Grupo Developer para ser renovada en su totalidad, aplicando un nuevo diseño, estética y arquitectura, para luego garantizar que cada huésped disfrute de su estadía con un servicio muy por encima de los demás.

EL MODELO CONDO HOTEL

Se trata de condo hoteles, que son hoy una gran alternativa para que pequeños y medianos ahorristas participen en un negocio rentable. Es un modelo de negocio que funciona como hotel, con la diferencia de que cada habitación es propiedad de diferentes individuos.

En Developer Inn amoldamos este modelo para las reglas de Estados Unidos. Después conformamos un equipo de trabajo local consolidado para dar respuesta directa a cada paso de la construcción de un nuevo hotel, desde dónde comprar los materiales hasta ensamblar cada pieza como parte de un plan maestro de relojería y precisión para dar lugar, a la hora señalada, a la apertura de cada establecimiento. Después nos animamos a comprar propiedades de mayor superficie, mejor ubicadas, con accesos destacados, cercanas a puntos claves como aeropuertos, *malls*, estadios, parques temáticos.

Entre sus ventajas destacan la obtención de un título de propiedad que otorga seguridad jurídica, la ubicación y los servicios, una alta ocupación hotelera que genera rentas atractivas, el acompañamiento en toda la operación, potenciar sus ingresos, un retorno de inversión competitivo, la flexibilidad en el uso de la propiedad y la plusvalía.

PRIMERO LO PRIMERO: LA VISIÓN

Lo más difícil en todo el proceso es encontrar un inmueble en oportunidad, que tenga el potencial acorde a nuestras expectativas, para sumarle un nuevo concepto, transformarlo y aportar un management profesional. Así, luego toda la operación se traducirá en una ganancia directa para el inversor. El proceso de búsqueda de esa tan preciada locación le lleva al equipo entre tres y cuatro meses, que, sumados a la operación de compra y puesta en valor, puede abarcar un año calendario. Una vez adquirido el nuevo hotel, abordamos una profunda obra arquitectónica y de diseño a cargo íntegramente de nuestro equipo.

DEVELOPER INN: UNA BASE SÓLIDA

Developer Inn es una cadena dentro del segmento de hotelería llamado *limited service* (también llamado *economy*), que a diferencia de sus competidores ofrece una propuesta muy superior a la estándar en los Estados Unidos. Esta estrategia nos permite empujar la tarifa para que la inversión de nuestros clientes tenga un retorno mayor a la media tradicional.

Al sumarse a nuestro modelo de negocios el inversor no solo obtiene una renta en dólares y un alto poder de capitalización, sino que se convierte en propietario de una habitación de hotel. Realiza una inversión segura, recibe sus ganancias y puede disfrutar de varias semanas al año de vacaciones en el hotel donde se realiza la operación. La rentabilidad supera ampliamente una renta tradicional del *real estate* en Estados Unidos.

DEVELOPER HOSPITALITY: EL COPILOTO IDEAL

Desde los orígenes de la compañía entendimos que además de desarrollar, debíamos operar nuestras unidades. Allí radica la principal diferencia entre invertir con nosotros y hacerlo con alguien que solo se encargue de entregar una propiedad. Nosotros acompañamos al cliente en todo su proceso de inversión. Por eso creamos Developer Hospitality, que es la gerenciadora de los hoteles. Así es como los clientes pueden descansar en nuestro equipo realizando una inversión pasiva, lo que supone desentenderse de todo lo que conlleva el proceso.

Hospitality se centra en recibir y atender a los huéspedes en una experiencia de 360 grados, pues nos ocupamos absolutamente de todo. Para los inversores es comodidad y tranquilidad, con un equipo muy experimentado de más de 20 años en la industria hotelera.

DEMOCRATIZAMOS LOS BIENES RAÍCES

Creamos una manera de acercar la inversión en bienes raíces a un número mayor de personas. Bajamos el costo y garantizamos un retorno sobre el dinero invertido. Se invierte en Estados Unidos, pero la inversión puede hacerse desde cualquier país de Latinoamérica y el mundo.

La utilidad del inversor no estará basada en la renta de su habitación, sino en la totalidad del hotel. Nuestros inversores, al ingresar, se suscriben para obtener una escritura de su propiedad. A diferencia de un fondo de inversión que opera un hotel, en Developer Inn proponemos un modelo de negocio mucho más seguro y rentable: la conversión en un condominio. Subdividimos el hotel y, en lugar de vender acciones, vendemos propiedades.

Así, nuestro innovador modelo de negocios ofrece a interesados en hacer crecer su capital la posibilidad de ser propietarios en Estados Unidos obteniendo retorno de inversión, leyes fiscales favorables, facilidad y acompañamiento constante durante el proceso, un importante flujo de turistas vacacionando en nuestros hoteles y rentas para tener un estilo de vida único.

Capítulo 24

Oportunidades únicas en mercados bursátiles

Vonnell Martínez, VIM Wealth Management

En el mundo de las inversiones muchas veces no atacamos ciertas variables cruciales, que van más hacia allá de la rentabilidad.

ACCESO A LOS MERCADOS DE LA ECONOMÍA MÁS IMPORTANTE DEL MUNDO

Estados Unidos posee la economía más grande e importante del mundo, y podemos acceder a su crecimiento a través de los mercados, donde se compran y venden porciones de las compañías que componen esa economía.

Tenemos diferentes opciones, y buenas, sí, muchísimas, pero las acciones y bonos son los activos más representativos de estos mercados, y los más rentables históricamente, sobre todo para inversores extranjeros, que disfrutan del valor agregado de evitar tributación.

Todos los sectores son excelentes en sus propios objetivos. La tecnología está entre los más dinámicos y lucrativos: como seres humanos siempre querremos más tecnología y, por ende, sus productos. La energía es un sector que naturalmente siempre tendrá demanda: si el mundo no se mueve, prácticamente regresamos varios siglos en nuestra historia; energía actual o innovadora, la necesitaremos. Está también el sector de los productos fundamentales de nuestra vida cotidiana, al cual acudimos como inversión más estable, y por eso resulta muy buena idea cuando se trata de proteger nuestro capital con un perfil más conservador. Siempre habrá este tipo de productos en nuestra vida, y ahí tenemos la respuesta sobre si es buena idea o no invertir en este sector.

El sector inmobiliario naturalmente también tiene gran demanda. La mayoría de los seres humanos quieren, y necesitan, vivir con sus familias bajo el mejor techo posible. Las industrias también requieren el mejor techo posible para llevar a cabo sus operaciones.

¿Cómo invertimos normalmente en tecnología? ¿Construimos una empresa nosotros mismos? Hay quienes sí, obviamente, pero la mayoría no. ¿Cómo invertimos normalmente en energía? ¿Construimos una refinería nosotros mismos, una empresa de importación y exportación de petróleo, o compramos un inventario de partes de energía alternativa? Algunos sí, pero la gran mayoría no. Entonces, ¿por qué invertimos en el sector inmobiliario dándonos a nosotros mismos la tarea de la operación, cuando ya probablemente tenemos muchas otras cosas por hacer en nuestra vida, trabajo, negocio?

Hay a quienes les gusta la tarea de la operación y esa dedicación del tiempo. Perfecto, entonces esos clientes así es como deben invertir en ese sector, aunque al mismo tiempo, siendo sinceros con el cálculo del mismo proyecto, y tomando en cuenta que nuestro tiempo es dinero, y muchas veces otorgamos más de lo que nos damos cuenta, y cuando verdaderamente evaluamos todas las variables económicas, muchas veces esa rentabilidad que creemos estar recibiendo está muy por debajo de lo que pensamos.

¿Cuánto esfuerzo y tiempo le queremos dedicar a la inversión? ¿Queremos convertirla en un trabajo adicional? Todo dependerá de la respuesta a esa pregunta. Como muchos de nosotros preferimos seguir dedicando nuestro tiempo a lo que mejor conocemos, no tenemos en cuenta que unas de las mejores maneras de hacer estas inversiones es con el mismo concepto de eficiencia que invertimos en los otros sectores: a través de compañías que se dedican a esas operaciones, fondos de capital privado que se dedican a invertir o incluso desarrollar proyectos inmobiliarios de gran tamaño, como estadios, rascacielos, infraestructuras. Hacerlo así nos da la oportunidad de disfrutar de las ganancias de un gran sector, pero sin las grandes tareas.

Recordemos qué es una inversión: capital aplicado para que funcione para nosotros, no nosotros para el capital, no sumando tareas, trabajo a nuestra vida, después de haber ya trabajado inicialmente por nuestro capital.

El mensaje no es que evites invertir en el sector inmobiliario, sino recordar que también está la gran opción de hacerlo igual que lo hacemos con cualquier otro: delegando esa tarea a empresas, fondos. Esta diferencia en la manera de pensar puede traer consigo una diferencia en el rendimiento.

LA IMPORTANCIA DE DIVERSIFICAR

En general, el inversor se diversifica muy poco. La mayoría de nuestros ingresos vienen a través de nuestro negocio (riesgo de activo/ingreso singular) o de nuestro trabajo (aún más alto el riesgo de ingreso singular), pero si le sumamos a nuestro patrimonio una amplia y sólida gama de sectores podremos combinar crecimiento de nuestro patrimonio con protección.

La tarea de la diversificación no es obtener las grandes ganancias: es proteger. Lo que le dará con relativamente mayor constancia mejor rentabilidad a nuestro capital es nuestro propio negocio, y esa es la primera porción a tomar en cuenta. Cuando el capital ya ha sido generado, producido por nuestras operaciones originales, la próxima tarea para ese capital es la inversión, y es ahí donde más ayuda presta la diversificación, ya que fomenta confianza y estabilidad en un capital que confiamos a operaciones más allá de las nuestras.

Capítulo 25

El *storage*: una inversión ágil, fácil y accesible

Marcos Victorica, Best American Storage

Todo mundo sabe que las inversiones inmobiliarias son la primera opción cuando se busca resguardar el patrimonio y obtener una renta segura, pero hay un nuevo concepto de inversiones en bienes raíces; un negocio que, aunque lleva más de 50 años en Estados Unidos, crece de manera sostenida desde hace décadas.

Este tipo de inversión presenta una serie de beneficios que la convierten en una alternativa muy competitiva. Además del acceso a un título de propiedad con una inversión accesible, es un producto que supone bajo o casi nulo gasto de mantenimiento y un rendimiento asegurado neto de gastos, seguros, e impuestos del 6% anual por alquiler. A eso se suma la apreciación, en dólares, de un sector que viene valorándose continuamente en las últimas décadas.

QUÉ ES UN *STORAGE*

El *self-storage* es un depósito para guardado adaptado a la necesidad de personas o empresas, para resolver los problemas de almacenamiento de todo tipo de objetos. Los usuarios tienen acceso 24 horas al día, siete días a la semana, y pueden guardar muebles, valijas, electrodomésticos, mercadería y mucho más. Los hay de distintos tamaños, de acuerdo con la necesidad del usuario.

Se encuentran generalmente agrupados en edificios consolidados de más de 300 unidades y son en su mayoría administrados por familias. Se detectó la oportunidad de subdividir las unidades de manera similar a las cocheras en Argentina, generando inmuebles que poseen escritura propia por cada unidad. Esta característica diferencial hace que puedan ser vendidos de manera independiente por el inversor.

Uno de cada 10 hogares estadounidenses alquila una unidad de almacenamiento. La creciente demanda se debe a que las personas se mudan por trabajo, estudios, jubilación, o porque tienen cada vez más cosas y no caben en la casa, o porque se achican y les sobran pertenencias y necesitan un lugar seguro y acondicionado para depositarlas.

UNA INVERSIÓN EN EL MAYOR MERCADO DEL MUNDO EN SU RUBRO

La industria cuenta con una facturación de 39 500 millones de dólares anuales en alquileres, unos treinta millones de usuarios y 58 000 edificios de almacenamiento. Además, tiene un rendimiento histórico sostenido con un crecimiento que lidera el mercado de propiedades inmobiliarias comerciales del país.

En Estados Unidos el depósito individual o *self-storage* es parte del *american way of life*. Es un tipo de industria enorme dentro del *real estate*. Hay más edificios de *self-storage* que todos los McDonald's, Starbucks y Walmart juntos.

EL PERFIL DE LOS INVERSORES. RENTABILIDAD A MEDIANO PLAZO

Entre los inversores se encuentran los que compran de manera directa, pequeños inversores, *brokers* inmobiliarios o asesores financieros para la cartera de sus clientes; el tipo de comprador es amplio, ya que es una inversión segura, rentable y de bajo riesgo.

A la hora de elegir el tipo de inversión a desarrollar se debe contemplar cuán exitosa puede ser. Para esto es necesario estimar la rentabilidad a mediano plazo (a cinco años) y la facilidad con la que los inversores pueden salir del negocio. Tomando el total de la rentabilidad en el mediano plazo y dividiéndola en los años que se esperó para salir del negocio se podrá medir el éxito de una inversión.

En BAStorage el producto permite invertir con un título de propiedad a partir de 25 000 dólares, con un rendimiento neto por contrato, sin las complicaciones de una propiedad residencial, y sin la incertidumbre de poner el dinero en un fondo de inversión. Como inversor compra, cobra cada tres meses, y vende fácil y rápido. Este tipo de inversiones, de riesgo controlado y de fácil acceso, permiten diversificar la cartera de inversiones. Los *storages* poseen una gran variedad de productos y oportunidades de financiación para la compra; por eso el acceso es fácil y a bajo costo.

UNA DEMANDA ESTABLE

La demanda por espacio de almacenamiento es muy estable. El usuario, cuando se siente conforme con el servicio, lo toma como una cuota mensual, y tiene la disposición de aceptar ligeros aumentos en el precio con tal de no trasladar sus posesiones a otro lugar.

La demanda de *storages* se fundamenta en al alto nivel de consumo y forma parte de la infraestructura de la economía estadounidense. Cerca de 30 millones de personas se mudan por año. Esto hace que las carreteras, los aeropuertos y los *storages* sean parte de la infraestructura económica, pues permiten el traslado de personas y sus pertenencias a lo largo de todo el país.

Directorio de profesionales

Abraham y Daniel Benhayoun
The Benhayoun Law Firm
Asesoría legal tributaria y planificación patrimonial
abraham@benhayounlaw.com
https://www.benhayounlaw.com/

Alejandro Castillo Manrique
Aleb Insurance Group
Seguros internacionales
insurance@alebgroup.com
www.segurosinternacionales.us

Ana Karina y Ana Cecilia García Ramentol
GR Academic Exchange Programs
Asesoría para estudiantes internacionales
info@gracademic.com
www.gracademic.com

Andrés Aller y Marina Martí
Aller&Co
Asesoría contable y financiera
info@allerandco.com
www.allerandco.com

Andrés Guerra-Vélez
Metropolitan Real Estate Holding Group
Bienes raíces – Construcción
admin@metropolitanreis.com
www.metropolitanflorida.com

Erik Bladinieres y Mónica Gómiz
Visa Solutions
Proyectos y soluciones migratorias
paulina.morales@visasolutions.com
https://www.visasolutionsinvest.com

Facundo Zorio
TaxLeaf Hallandale
Servicios de contabilidad e impuestos
hallandale@taxleaf.com
www.hallandale.taxleaf.com

Francisco Vicente Vidal
Vidal Law Firm
Abogados de inmigración
visas@vidallawfirm.com
https://www.vidallawfirm.com

Gastón Schneider / Nilda Gauna

QKapital Group

Agentes hipotecarios–Préstamos para extranjeros

info@Qkapital.com

www.Qkapital.com

Héctor Paradisi

Director de Migración, The Ackerman Law Firm

Abogados de inmigración, empleo y bienes raíces

hector@ackermanfirm.com

www.ackermanfirm.com

Jaime Gómez

Equity & Help Inc.

Filantroinversión®

info@equityandhelp.com

www.equityandhelp.com

Jaime Sánchez

Interlink FBC

Consultores de negocios y franquicias

contacto@interlinktx.com

https://www.interlinkfbc.com/

Johana Quijano

Agente de bienes raíces

KW Premier - Houston, Texas

Johanarealtygroup@gmail.com

http://johanaquijano.yourkwagent.com/

Johenny Martínez y Luigi Ranieri

Smartors

Bienes raíces – Construcción

info@smartors.net

www.smartors.net

Jorge Kupferman

Miami Life Realty

Bienes raíces – Florida

jorge@miamiliferealty.com

www.miamiliferealty.com

José Mauricio Bello

Jm bello law firm

Abogados de inmigración & corporativo

admin@jmbellolaw.com

www.jmbellolaw.com

Leo Bagnato

Grupo Developer / Developer Inn

Desarrollo Condohoteles

info@grupodeveloper.com

www.grupodeveloper.com.ar

Manuel Noriega

Norei

Bienes raíces comerciales

mnoriega@norei.net

www.norei.net

Marcelo Schamy

M.S. Orbis Consulting

Consultores de negocios y franquicias

marcelo@msorbis.com

www.msorbis.com

Marcos Victorica

Best American Storage

Inversión en *storage* con título de propiedad

Clientes@bestamericanstorage.com

www.invertirbas.com

Nangelin Angulo

Setbetter

Consultores de negocios y franquicias

nangelin@setbetter.com

www.setbetter.com

Nelson J. Zambrano

Normandy Group

Rentas a corto plazo y casas multifamiliares

njzmultifamily@gmail.com / info@normandygroup.us

www.normandygroup.us

Ninett Vielma

Tax & Pro Business Consulting

Consultores de negocios

vielmaninett@gmail.com

@Taxprobusinessconsilying

Paola J. Peccoud
Inbuilders Usa
Servicios de reubicación y bienes raíces
paola@inbuildersusa.com
www.inbuildersusa.com

Salvador Pepe
AS Inversiones
Inversiones Inmobiliarias - Multifamiliares y Lux
hola@asinversiones.com / buyandsell@salvadorpepe.com
www.asinversiones.com / www.salvadorpepe.com

Sergio O. Chanteiro
FSR - First Service Realty
Bienes raíces - Florida
fsr-usa@fsr-era.com
https://fsr-international.com/

Víctor Espinosa
LCR Capital Partners
Proyectos de inversión EB-5
vespinosa@lcrcapital.com
www.lcrcapital.com

Vonnell I. Martínez
Vim Wealth Management
Asesores Financieros
vim@vimwealthmanagement.com
www.vimwealthmanagement.com

Para accesar el directorio completo de profesionales de Thinkinworld, accede a este código QR usando la cámara de tu
teléfono celular: